大众理财经

理财和你有多少钱没关系

罗春秋◎编著

POPULAR
FINANCING

中国铁道出版社有限公司
CHINA RAILWAY PUBLISHING HOUSE CO., LTD.

内 容 简 介

本书是一本理财入门书，全书采用了理论知识与案例相结合的方式，全面系统地对理财观念、家庭现状、投资常识和理财工具等相关内容进行了讲解，又借助表格和图示增加内容的多样性，让读者在一种轻松、有趣的阅读氛围中学习各种实用的理财知识。

全书共包括9章，包括理财观念分析及测试、家庭现状分析、投资常识、典型案例分析、不同阶段的家庭理财经、日常生活省钱小技巧、银行储蓄及理财产品、股票债券基金保险以及互联网理财等内容。

本书适合想要学习理财的各类大众人群，包括家庭用户、职场新人、自由职业者、职场白领和有一定经验的理财者学习参考。

图书在版编目（CIP）数据

大众理财经：理财和你有多少钱没关系 / 罗春秋编著 . —北京：

中国铁道出版社有限公司，2019.6

ISBN 978-7-113-25690-6

Ⅰ . ①大… Ⅱ . ①罗… Ⅲ . ①私人投资－通俗读物

Ⅳ . ① F830.59-49

中国版本图书馆 CIP 数据核字（2019）第 064648 号

书　　　名：**大众理财经：理财和你有多少钱没关系**
作　　　者：罗春秋

责任编辑：张亚慧　　　　　　读者热线电话：010-63560056
责任印制：赵星辰　　　　　　封面设计：**MX** DESIGN STUDIO

出版发行：中国铁道出版社有限公司（100054，北京市西城区右安门西街 8 号）
印　　刷：北京铭成印刷有限公司
版　　次：2019 年 6 月第 1 版　　2019 年 6 月第 1 次印刷
开　　本：700 mm×1 000 mm　1/16　印张：15.75　字数：197 千
书　　号：ISBN 978-7-113-25690-6
定　　价：55.00 元

前言

PREFACE

对于才步入职场、工作不久、积蓄不多的个人或者家庭来说，理财似乎是很遥远的一件事，花钱没有规划，月月光，买买买，先消费先享受，更珍惜今天，对于明天不考虑太多。每月发工资之时就是还贷之日，月月重复，银行卡的余额不多，如果出现紧急情况，将给个人或者家庭带来很大的影响，这样的生活真的好吗？

从个人来讲，年纪轻轻就背负着财务危机，每天工作超过 8 小时，年龄在增长，债务也一天天增长，如何养自己、养家庭、养孩子？

在整个社会阶层中，工薪阶层占了大多数，因个人、公司、职位和工龄等不同，薪资当然也不同，每天埋头苦干，甚至忘记了自己的职业发展，更别说理财规划。有人会说："那点工资，养活自己已经很好了。"但是，正是因为钱少，所以才需要理财。或许我们都听过：鸡生蛋蛋生鸡的故事，最重要的是第一只鸡和第一个蛋，也就是我们常说的第一桶金。

幸福的生活离不开钱财的支撑，对于上班族来说，若仅仅想靠着薪资提高生活品质方法太单一，大多数人的薪资只能满足日常的基本花费以及温饱需求，对于精神追求以及消费升级，都需通过个人理财来实现。

所以说，除了养成勤俭的生活作风外，把理财应该纳入日常规划中来，这和当下有多少钱没关系，就算是刚步入职场，也可以开始进行理财规划和操作。为了帮助理财者们实现以钱生钱的目标，指导理财小白们从第一个月薪资做起，我们特别编写了本书。

本书包括 9 章内容，具体章节的内容如下所示。

章	主要内容
第1章	介绍理财者们需要首先树立的理财观念和应避免的误区,如理财幸福论、理财阴谋论以及测试自己的理财观念正确与否等,通过本部分的内容,主要是让理财者们更清晰地认识自己,认识理财。
第2章	介绍关于家庭资产、个人账户、开支计划表等知识,让理财者了解家庭财务现状。
第3章	介绍理财前的武器装备,如一些投资常识、理财计划书、资金盘点等,通过这部分内容,帮助理财者们在上战场理财前,充实自己。
第4章	主要分为两大部分,如月光族如何理财和理财小白们如何理财,通过对于消费现状、资产现状的管理与分析,告诉这类对象该怎么理财。
第5章	介绍处于不同的家庭阶段,要实现理财该如何做,比如单身、新婚家庭、宝宝家庭、养老家庭等,让这类对象了解不同家庭阶段的不同理财规划与操作区别。
第6章	告诉理财者们一些日常生活省钱小技巧与理财小工具,实用性较强。
第7章	介绍常见的银行储蓄方式、银行理财产品、信用卡,适合求稳的理财者。
第8章	对于常见的几种理财工具进行讲解,如股票、债券、基金、保险等,实操性强。
第9章	对于常见的互联网理财进行介绍,如支付宝、众筹、P2P等,帮助选择灵活机动的理财工具。

　　本书的优势在于从实用的角度出发,系统全面地介绍了理财的各种实用知识,并利用丰富的故事、案例、表格和图示,降低阅读枯燥感,让读者在一种轻松、有趣的阅读氛围中学习本书的知识。

　　本书读者针对的是有志理财的各类大众人群,包括家庭用户、职场新人、自由职业者、职场白领和有一定经验的理财者。

　　最后,希望所有读者都能够从本书中受到启发,寻找到适合自己的理财方式,实现家庭与个人的财富增值。

编　者

2019年3月

目录

C O N T E N T S

第1章　理财和多少钱有关系吗

一个人能否快速致富或者一生能积累多少财富，关键不仅仅是他的学历高低、是否勤奋、是否幸运，还在于他的思维方式。为什么拿着不低的工资，却是月光族甚至还负债，不是不够节省，而是没有正当的理财观念。

1.1　理财幸福理论　/2

1.1.1　那些刷朋友圈消耗掉的隐形财富　/2

1.1.2　你是不是"啃老"的一员　/4

1.1.3　你们的理财观配不配　/5

1.2　理财阴谋论　/7

1.2.1　等涨完薪再理财要不得　/7

1.2.2　"月光"并不是无财理　/8

1.2.3　他买什么我也买不合适　/9

1.3　理财观念正不正　/10

1.3.1　不同时期做不同的规划　/10

1.3.2　不要随便喊财务自由　/11

1.3.3 少负一点 /12

1.3.4 余钱存银行要想好 /13

1.3.5 72 变理财法宝 /15

1.3.6 100 法则是什么 /16

1.4 你的消费水平有没有拖后腿 /17

1.4.1 消费档次是否与你的收入匹配 /18

1.4.2 30 岁的你有多少存款 /21

1.4.3 奢侈品离你有多远 /22

1.4.4 适度消费，"卡奴"不好做 /23

第2章 理财是管好资金，实现财富增值

理财的本质就是管好自己现有的资产，包括流动资产和非流动资产，增加我们可支配的收入。

2.1 科学管理个人及家庭财富 /26

2.1.1 我们有哪些资产要管理 /26

2.1.2 财务周期让理财更长远 /27

2.1.3 投资理财不等于投资发财 /29

2.2 4 个账户稳稳赚，小钱也能变大钱 /30

2.2.1 现金账户：自动划扣，省时省心 /30

2.2.2 备用账户：手有余粮，心中不慌 /31

2.2.3 投资账户：投资不是目的，收益才是 /32

2.2.4 长期收益账户：放长线，钓大鱼 /33

2.2.5 四大账户应用案例 /34

2.3 借助工具，资金明细一秒查 /37

2.3.1 用 Excel 合理分配和分析月度资金 /38

2.3.2 使用记账 APP 记录每天的支出明细 /39

第 3 章 大众理财之路如何开启

理财如同作战，战前要准备，基本的常识是必备的，同时作战计划也必不可少。所以理财之前要掌握理财常识、投资常识，然后制定理财计划书。

3.1 理财之前，颠覆你的理财观 /46

3.1.1 你不理财，财不理你 /46

3.1.2 抛掉"人穷是命"的迂腐观念 /48

3.1.3 有钱要理财，没钱更要理财 /50

3.1.4 为什么要学理财 /51

3.1.5 要获得财务自由，就必须让钱生钱 /52

3.2 不打没准备的仗，投资常识要知道 /53

3.2.1 需要玩味的金融术语 /54

3.2.2 如何计算投资回报率：我到底赚了多少钱 /55

3.2.3 投资需要了解些税负知识 /57

3.2.4 投资市场的"二八定律" /58

3.2.5 杠杆效应：运用财务杠杆增加投资收益 /59

3.2.6 通货膨胀和通货紧缩对投资的影响 /60

3.3 理财计划书发挥大作用 /62

3.3.1 理财计划书的制定步骤 /62

3.3.2 一个实例让你看到理财计划书的重要性 /64

3.4 投资是理财的一个重要组成部分 /67

3.4.1 依资金量合理投资 /68

3.4.2 盘活资产，让死钱变成活钱 /69

第4章 工薪一族的理财经

作为工薪一族，我们大多都从身无分文开始，是1万元存款还是10万元存款都靠自己一点一点积攒或投资而来，作为收入单一的工薪族，我们该如何去理财？

4.1 月光族的理财宝 /72

4.1.1 每月工资该如何分配 /72

4.1.2 了解自己的钱都去哪儿了 /74

4.1.3 赚该赚的钱，剁该剁的手 /75

4.1.4 淘来淘去淘优惠 /78

4.2 小"白领"的理财宝 /80

4.2.1 理财从首薪开始 /80

4.2.2 用余钱做中长期投资，以钱生钱 /82

4.2.3 负债不可怕，把他人的钱变成自己的 /83

4.2.4 投资自己也是理财的一种途径 /84

4.2.5 年轻时就应进行养老规划 /86

第5章 不同阶段的家庭理财经

人的一生中，青年时期、中年时期和老年时期是理财规划的重要时期。在这3个时期，又有典型的阶段，如恋爱阶段、新婚夫妻阶段、宝宝降临阶段以及退休养老阶段。对于每个阶段，不同的积蓄，不同的需求，我们的理财方式是不同的。

5.1 恋爱单身男女钱一家 /88

5.1.1 营养不浪费地安排饮食 /88

5.1.2 省而不抠地为家人置办衣服 /92

5.2 新婚夫妻向钱看 /95

5.2.1 合理地安排你的婚礼 /95

5.2.2 好又省地安家落户 /97

5.2.3 新房装修的省钱法 /100

5.2.4 购买家电家具省钱法 /102

5.2.5 家庭购车省钱技巧 /105

5.3 宝宝来了怎么办 /108

5.3.1 精打细算家庭的固定开支 /108

5.3.2 宝宝用品节省招数一网打尽 /110

5.3.3 教育是笔很大的开支，要计算清楚 /111

5.4 谁来为养老买单 /114

5.4.1 延迟退休后更要提前规划养老 /114

5.4.2 如何制定退休计划 /116

第6章 生活理财一定要学会"细水长流"

理财并不能实现一夜暴富，即使一夜暴富，也可能一夜之间倾家荡产，毕竟风险与收益成正比。细水长流的理财才是正确的理财方式。

6.1 日常生活省钱小技巧 /118

6.1.1 手机话费优惠充值 /118

6.1.2 出行打车优惠 /121

6.1.3 订机票优惠 /123

6.1.4 网购享更高优惠 /133

6.1.5 团购消费优惠 /135

6.1.6 水电气费的自助缴纳 /140

6.2 实用的理财小工具 /141

6.2.1 家庭记账工具的使用 /141

6.2.2 购房计算器的使用 /144

第 7 章 揭秘传统方式中的理财经

对于一些余额不多、工作繁忙又追求低风险稳收益的上班族来说，将钱投入银行，以定期储蓄或者购买银行理财产品的方式将余额活用起来，是非常重要的一件事。

7.1 储蓄是理财中最普遍方式 /148

7.1.1 存钱是理财投资第一步 /148

7.1.2 银行的几种储蓄方式 /149

7.1.3 熟知存款的理财知识 /155

7.1.4 了解存款计息，获得最大收益 /156

7.1.5 零存整取，积累财富 /160

7.1.6 巧用自动转存，不让财富流失 /162

7.2 如何投资银行理财产品 /163

7.2.1 认识银行理财产品 /163

7.2.2 计算银行理财产品的收益 /166

7.2.3 银行理财产品购买技巧 /168

7.3 别成为信用卡的"负翁" /170

7.3.1 使用信用卡时要了解"游戏规则" /170

7.3.2 巧用信用卡刷卡获积分 /171

7.3.3 了解"超长免息期"，获得最大收益 /173

第8章 用好投资工具，提升理财效率

任何一个将军，在上战场之前，一定需要选择他的兵器，士兵也如此，理财更是如此。那么，对于理财者来说，理财的兵器是什么呢？

8.1 淡定入股市，远离疯狂投资 /176

8.1.1 做好准备，走入股市 /176

8.1.2 如何选中一只好的股票 /181

8.1.3 做新股"风险小，回报高" /184

8.2 债券，稳健投资者不二选择 /185

8.2.1 购买前对债市进行风险评估 /186

8.2.2 债券种类有哪些 /186

8.2.3 网购国债小程序 /188

8.2.4 公司债券买不买 /190

8.2.5 债券收益如何算 /192

8.2.6 投"债"有技巧 /193

8.2.7 债券"单打"还是"双打" /194

8.3 资金少没关系，投资基金回报高 /195

8.3.1 基市有哪些基金 /195

8.3.2 挑选适合自己的基金 /197

8.3.3 基金中投资的秘诀 /199

8.4 保险，家庭理财的首选 /202

8.4.1 为什么一定要买保险 /202

8.4.2 医疗险，女人最可靠的依赖 /203

8.4.3 做好家人投保，减少家庭风险 /204

8.4.4 为孩子投保，减轻家庭压力 /205

8.4.5 投保时避免陷入误区 /206

8.4.6 "保险索赔"如何维护自我权益 /208

第 9 章　与时俱进，互联网理财出新玩法

随着互联网＋的出现，互联网金融开始出现在人们的生活中，互联网金融是互联网＋金融的代表，它通过互联网与金融行业紧密地联系在一起。而在该背景下，互联网理财成为人们迈入互联网金融的基本门槛，也成为人们日常理财的基本工具。

9.1　多样化的互联网理财平台　/210

9.1.1 余额宝：草根理财神器 /210

9.1.2 微信：边玩边赚钱 /214

9.1.3 京东钱包：潜力无限的理财平台 /217

9.1.4 淘宝理财：会淘宝会理财 /220

9.1.5 度小满钱包：消费理财一站式服务 /222

9.1.6 苏宁金融：驾驭财富，畅享生活 /224

9.2　"互联网"时代理财新思维：众筹理财　/226

9.2.1 你必须了解的众筹知识 /227

9.2.2 众筹到底怎么玩 /228

9.2.3 几款特别的众筹理财产品 /229

9.3　创新的理财方式：P2P 网贷理财　/236

9.3.1 刷新你对 P2P 平台的认识 /236

9.3.2 新手如何自助选择正规平台 /237

9.3.3 在 P2P 平台上进行投资 /238

第 **1** 章

理财和多少钱有关系吗

理财，在过去或许是个很遥远的话题，对于大多人来说，理财的前提是有财可理，至少年收入也应该在 20 万元以上吧，对于一般工薪族来说，月月收入刚好够花费，哪还有财可理呢？

一个人能否快速致富或者一生能积累多少财富，关键不仅仅是他的学历高低、是否勤奋、是否幸运，还在于他的思维方式。为什么拿着不低的工资，月月都是月光族甚至还负债，不是不够节省，而是没有正当的理财观念。

理财和多少钱没有关系，而和是否有理财观息息相关，越是没钱的人更需要甚至强化自己的理财观。

1.1
理财幸福理论

钱不是万能的，但没钱却是万万不能的，人这一世，生活处处都需要花钱，金钱和我们的幸福生活息息相关。自古便有"一分钱难倒英雄汉"的说法，如何才能不为钱财忧愁，这就需要我们除了继承中华民族勤俭的优良传统外，还要具有一定的理财观念。理财或许不能让你一步登天成为富翁，但是适当的理财却能让我们在现实生活中保护好自己的劳动果实，实现财富增值。

1.1.1 那些刷朋友圈消耗掉的隐形财富

在网络高度发达的今天，吃喝住行甚至办公都可以通过手机完成，在其带来便利的同时，更是占去我们大把的时间，有事没事就拍照、发朋友圈、刷朋友圈……朋友圈有什么呢？有代购、有自拍、心灵鸡汤、有很多与财富无关的消遣。

据统计，从早上 6:00 起床到晚上 0:00 入睡的 18 个小时，除掉我们正常工作 8 小时，早晚饭 3 小时，人们花在朋友圈的时间约为 7 小时，有的甚至更长，毕竟吃饭的时候也可以刷朋友圈但这种生活方式是不健康的。所谓时间就是金钱，那么刷朋友圈的这些时间都将消耗掉我们的哪些财富呢？简单来聊聊。

（1）职位提升

在不做任何投资的前提下，如何实现财富增值呢？最根本的就是实现职位提升，因为随着职位提升而来的就是薪资增加，薪资增加就将带来财富的增加。而刷朋友圈和你的职位提升有何关系呢？下面简单举例说明。

张某和王某在同一年进入公司，并被分到同一部门工作，在最近，公司打算从现在的专员里边提升一位做主管，张某对于这份升职很看重，平时除了完成基本工作，还会经常向主管请教。

而同为专员的王某，在完成基本的工作后都在使用微信和朋友聊天，玩各种消遣的小程序，而张某会在微信看看与工作相关的书，平时刷朋友圈还会对公司领导发的消息点赞，最近他和人事总监、副总在公司的食堂偶遇，由最初的打招呼，到现在能坐在一起交谈，而且领导们还能叫出他的名字。

终于在一个月后，通知下来了，张某顺利地当上了主管，当然工资也上了一个等级，而王某则还是在专员的位置上刷朋友圈，陪女朋友聊天，并和新来的实习生做了邻居。

这个故事告诉我们，在我们刷朋友圈的同时，我们完全可以利用这些时间拓展人际关系、提升专业，从而为以后的升职做好准备。

（2）专业提升

任何回报都需要付出，想要增加收入，那么公司同样要求你的技能要提升，而技能的提升别人帮不了你，你只能自己动手。俗语有云：主动进攻比被动挨打好。在职场，过硬的专业技能是必需的，当然还得有情商，而刷朋友圈和技能有什么关系呢？下面简单举例说明。

董某是某高校会计专业的应届毕业生，由于董某的学校并非名牌高校，因此在人才市场上激烈竞争，最后通过各种努力终于进入一家地产公司做实习生，虽然工资较低，但是前景不错。在进入公司以后，他才知道公司人才济济，如果以后想要升职就要付出比别人更多的努力。于是他在虚心向前辈学习的基础上，在业余时间，开始报名参加CPA培训，三年以后终于全部通过，而他的工资也是以前的好几倍。

董某通过CPA的例子说明，时间就是金钱，在你刷朋友圈、微信交友、打游戏的同时，其他的小伙伴正在提升专业技能。而且，当我们在刷朋友圈时，浪费的不仅仅是时间，刷着刷着就可能刷掉一笔笔隐形的财富。

1.1.2 你是不是"啃老"的一员

在大城市里，"啃老"好像是一个避免不了的话题，很多人说我从不啃老。但你真的没有啃老吗？

据统计，在大城市中，有30%的年轻人"啃老"，65%的家庭存在"啃老"问题。而"啃老"的人群，主要集中在23岁~40岁，他们具有一定的工作，有一定的生存能力，但或多或少需要父母的帮忙与供养。

"啃老"不仅体现在金钱上，还体现在体力上，社会学家称之为"新失业群体"。随着老龄化的加重，啃老族们必将带来更多的社会问题，而啃老族大致可以分为两类，一种是主动"啃老"，一种是被动"啃老"。

对于主动"啃老"的人群，常见的是对就业工作要求较高，而自身的专业素质却无法相匹配，所以造成高不成低不就的情况，于是在一定的落差上，导致个人就业难或是跳槽频繁，以至于工作不稳定，积蓄较少。而随着年龄增加，购车、购房压力大，心理承受能力较差，为了逃避压力而选择"啃老"。

而对于被动"啃老"的人群，主要体现在购房上，对于当今社会房价上涨，还贷以及育儿压力增加，有无数的家庭，父母在买房这件大事上，会选择拿出全部积蓄帮子女承担这份担子，而很多子女在选择接受与拒绝之间，一般会选择接受，大多理由是以后赚钱了慢慢报答。并且很多年轻人慢慢接受一个观念：在城里结婚必须买个房子，不管是花光自己的积蓄，还是父母的积蓄。当然更多人花费的是父母的积蓄，但是不管是社会要求还是自己主动要求，这都是"啃老"的一种体现。

不管是主动"啃老"还是被动"啃老"，其本质都是"啃老"，想实现高工资、高收入、买车、买房，我们除了找一份好工作，升职加薪外，更多的还是要以钱生钱，通过一定的理财手段实现财富增加，而不是通过父母的给予，毕竟养育之恩已经够大，不应该临老了还不让他们安度晚年。另外，如果你父母也和你一样"月月光"，没有积蓄，过的类似你的纯西方生活方式，你能啃到什么？这世界没有那么多现世安稳，如果有，一定是有人替你负重前行。所以，你是不是"啃老"的一员呢？是与否都不重要了，重要的是以后是否能改变，毕竟昨天、今天都已过去，明天才更值得期待。

1.1.3 你们的理财观配不配

现实的两人，因缘际会走到一起，有的人能白头偕老，而有的人却是走着走着就散了，白头偕老的理由都相同，分开的理由千奇百怪，除了基本的人生观、价值观、世界观不一致，那么两人的理财观呢？

两人一起生活，又怎么离得开钱呢？柴米油盐酱醋茶处处是钱，还别说房子、车子和孩子，那么怎么看两人的理财观配不配呢？

徐某和女友唐某在一起 3 年了，两人因为毕业进入同一家公司，然后在公司聚会上开始相识相恋，唐某是公司的行政，而徐某是公司的工程师。3 年了，最初的激情褪去，每天两人面对的就是鸡毛蒜皮的小事，而最近徐某开始心不在焉，唐某和他说话也不在意，终于大吵一架后，徐某提了分手。唐某想不通，他们已经在规划婚期了，她以为徐某一定是有了新欢，双方的兄弟闺密开始安慰，最终唐某才知道徐某坚持分手的原因。

原来唐某作为女孩子，偏爱购物，特别是双 11 这些节日，往往买得徐某心疼，而由于唐某作为行政，工资不高，且这几年的工资都花费在吃喝玩乐上了，根本没有任何积蓄。和徐某在一起后，唐某每月的消费除了自己的工资外，还会花掉徐某的一部分。作为家里的独子，来自偏远的山区，徐某每月也要寄回一部分积蓄给远方的父母，加上两人的房租以及日常开销，三年下来，徐某的积蓄也不多，而唐某的父母更是要求徐某婚前在城里按揭一套房子，徐某算了算自己的积蓄，然后看到女友又在 520 大买特买，终于爆发。

唐某完全无理财意识，月月光甚至还会负债，属于典型的西方享乐主义生活方式，而徐某一贯节俭除了自己的生活开支还要供养年迈的父母，平时的积蓄也会有一部分投资基金，并且还会帮唐某偿还上个月的信用卡。即使这样精打细算，3 年下来也没有多少积蓄，当两人打算结婚时，才看清现实，才去面对一直忽略的问题。

徐某和唐某的案例说明，两人在一起，理财观配不配也很重要，如果一个是纯西方享乐主义，一个是东方的勤俭生活方式，两人的价值观理财观不在一个频道，不管多爱，终有一天两人的关系也只能像两条永不相交的平行线一样再也不能走在一起。古语有云"道不同不相为谋"，何况在当今这样一个看重金钱的时代。

1.2
理财阴谋论

当今社会，阴谋论多指引导对方犯大家公认的错误，是基于事实的谎言，一般为贬义词，其存在于各行各业，尤其在商场上见到的各种阴谋阳谋，有人在阴谋中得利，而有人在阴谋中一败涂地，特别是在各种商务谈判中。

你身边有没有阴谋论呢？面对阴谋是主动还是被动？撇开职场，你的生活中呢？比如理财，你认为有没有阴谋论呢？答案是，理财上同样有"阴谋"，且看看你自己有没有被这样的"阴谋论"套住。

1.2.1 等涨完薪再理财要不得

有数据表明，对于一般上班族来说，工资收入占了上班族全部收入的 90% 以上。所以对于上班族来说，追求高薪是目的。而同样，如果要理财，也只能在涨完薪以后才会有多余的金钱用于理财，可是我们是否忘了：100 元和 100 万元如果你想使用都会用掉，这样你何来剩余。来看下面一个例子。

李某三年前大学毕业后在一家中小企业做人事，薪资由原来实习的 2 500 元到现在的 4 500 元，每个月扣掉社保和公积金，扣掉税收，工资也就不到 4 000 元，每个月生活费加上房租水电，扣掉以后所剩无几。三年前，有朋友告诉他要开始理财，他说今年才毕业，先养活自己，第二年，工资涨了一点，李某交了个女朋友，每个月请女朋友吃吃玩玩也所剩无几了，朋友推荐他买一只基金，他对朋友说，等明天涨薪了再买。

到了第三年，薪资终于涨了，但是李某发现，每月的钱还是所剩无几，还没等到朋友劝说，他已经在朋友圈发穷得只剩下花呗了。

李某的案例说明，等涨完薪再理财就是一个阴谋论，是自己给自己下的一个套，自己给自己挖了一个坑，如果在第一年吃饱后，从第二年开始以钱生钱，慢慢地，除了工资收入还有点理财收入，也不会一年一年的收入越多手头越紧。

1.2.2 "月光"并不是无财理

月光族，又称为 Moonlight，指那些每月赚的钱还没到下个月月初就被全部用光、花光的一群人。

一般认为月光族大多是工资不高的人，如果你也这样认为，那就错了，现在社会上的月光族，很多是拿着高薪的上班族，他们会赚更会花，特别是发完工资就买买买，吃吃吃，在月中发工资，而还不到月底就基本花光了，他们崇尚西方生活方式及时享乐，不能理性花费，凭一时喜好吃喝玩乐。

这种看似潇洒无比的生活，其实就是一个巨大的阴谋，除了违背中华民族传统之外，还会把你引入"无限消费"的陷阱，如果不及时更正，就会像滚雪球一样越滚越大。

赵某，刚大学毕业，在一家地产公司上班，月薪 4 000 元左右，单位还给他安排了公寓，公司还有食堂提供给员工，但是尽管如此，赵某还是月月光，每月的吃饭、交通、电话费大约 1 000 元，他不抽烟也不喝酒，但就是不知道剩余的 3 000 元都用到了哪去，他又自己算了算，每个月应酬、唱歌、旅行等差不多又要用 2 000 多元，而剩余的钱怎么花掉的，他一时也想不起来。

罗某毕业后，在一家事业单位上班，月入 4 000 元左右，但她每月在衣服、化妆品、吃喝玩乐上的花销基本要 2 000 多元，加上她自己租房，以及水、电、煤气、电话费等，剩余的 2 000 元也基本花完了，甚至还不够，还得借用信用卡。

通过如上的两个例子，我们看到了一些年轻人的消费习惯是不对的，对于刚从学校毕业的青年人来说，月薪 4 000 元已经算是很好的了，但是到了月底仍然不够花，每个月的零用钱都提前花光，在月底的时候凄凄惨惨。而所有的月光族们都有一个共同特点：不懂勤俭持家在财务的问题上危险系数极高，从无记账习惯，每个月的钱花到哪里去了，自己也不能给自己答案。而月光族们并不是低薪一族，有的甚至是高薪一族，所以会赚钱不一定会理财。

1.2.3 他买什么我也买不合适

对于年轻人来说，跟风成为一种社会潮流，并认为是对的！他买 iPhone 8，买买买；他买 iPhone X，买买买；他买什么我也买什么，只能更好不能更差。体现在理财上，他们也喜欢跟风，有人说那只股票好，买买买；这只基金不错，买买买，可是这样真的好吗？

不从具体实际出发，比如有的人买 iPhone 8 是工作需要，是有实际经济能力的支撑，而有的年轻人买一个 iPhone 8，可能要花掉一两月的工资，除了攀比也没什么实际用途，还会让自己生活得更拮据。理财也如此，并不是每只股票都适合每个人，它考虑个人的风险承受能力，有的人能承受股票崩盘的代价，而有的人则不行。所以他买什么我也买，对于每个人来说，并不适合。

何某毕业后进入一所公司实习，由月薪 2 000 元上涨到 3 年后的 5 000 元，在这三年里，何某生活节俭，合理开支，由原来的月光族到慢慢也有了一定的积蓄，身边的朋友似乎都在理财，而他的父母也催促他和女友赶紧结婚，但是结婚就意味着拥有房子、车子和孩子，而他看着自己的积蓄，开始犹豫了。

正好有朋友在股市小赚一笔，他眼看着朋友一次次赚钱，于是他也拿出自己好不容易积攒的 5 万元投资股市，希望最后能获得翻倍的收益。结果最后，他不但血本无归，还欠下 2 万元。

因此，从上面的例子，我们可以看出，跟风投资不好，不同的家庭，不同的理财经验，不同的投资成本，不同的风险分布。在投资产品上，如果只是跟风投资，那么最后，很可能会投资失败。所以很多时候，投资理财并不能他买你也买。

1.3
理财观念正不正

这是什么日子？钱越来越不值钱，物价越来越贵，房价越来越高，很多年轻人在大都市苦苦挣扎多年不过拼了一个首付。房贷、车贷，紧跟而来的结婚生子更是压的人喘不过气来，是透支消费还是找银行贷款？慢慢有了积蓄，有了理财意识，问题来了，是炒股还是存银行？传统的理财观念已经满足不了日益增长的生活需要了，那么你的理财观念正不正？

1.3.1 不同时期做不同的规划

13 岁的我们想着文理可以分家就好了，16 岁的我们想着高考毕业就好了，20 岁的我们想着大学毕业就好了。不同的年纪，我们是否都在忙着不同的事情，平凡的我们只能一步一步，走出一条未来之路。

理财也如此，不同时期不同家庭需要做不同的规划。

古语云：凡事预则立，不预则废。任何事都需要提前的规划，然后在执行中不断地调整修改，以达到终极目标。除了学习规划，职业规划，当然还有最重要的理财规划。

当我们处于不同的人生阶段，随着面临的人生问题的不同，我们的理财规划应该是不一样的，比如我们单身时的理财规划和结婚以后的理财规划就完全不一样。

欧某今年 25 岁，每个月收入约 5 000 元，工作体面稳定，收入相比毕业时有了很大的提高，而且这几年也没有胡乱消费，慢慢的手里也有了一点积蓄，他预计明年结婚，所以打算寻找一些以钱生钱的理财投资。

康某，今年 35 岁，每个月收入 1.5 万元左右，工作还算稳定，而收入更是比以前翻了一倍，但是压力也是翻了一倍，房贷、车贷、孩子教育、父母赡养等，有朋友推荐他可以尝试不同的理财手段。

通过如上的两个例子，我们看到，在不同的人生阶段，我们的理财计划、理财目标都是不一样的，所以我们需要根据家庭实际以及风险偏好，去合理安排自己的理财规划。不同的时期做不同的规划安排，并认真地去贯彻执行。

1.3.2 不要随便喊财务自由

很多人认为财务自由就是想买多少 LV 就能买多少，想买保时捷或是法拉利都不用犹豫，坐飞机不用计较头等舱还是经济舱，逛超市不用在意价格多少。其实，这些都不算财务自由。

所谓财务自由是指人无须为生活开销而努力为钱工作的状态。简单地说，一个人的资产产生的被动收入至少要等于或超过他的日常开支，如果进入这种状态，就可以称之为财务自由。

由此可见，财务自由有两个重要标准：被动收入和日常开支。简单理解就是如果你月消费 2 000 元，那么你只要能获得 2 001 元无须劳心劳力工作所挣来的被动收入，就可以达到财务自由。但前提是，这种被动收入大于日常开支是持续的，而且是被动收入非主动收入，非辛苦工作所得。如果你是一个单身男士，想实现财务自由，应该怎么努力呢？简单举例如下。

首先，需要被动收入很多，同时主动收入也必须很多，有可周转的足够的现金流。其次，还要能够持续的控制自己的支出，使消费低于被动收入。最后，即使你能做到前两点，但是有了女朋友，甚至孩子以后呢？如果他们将你用来创造被动收入的积蓄花掉了呢？

财务自由不是口号，能随便喊。在当今社会，支出随着收入的增加而增加，超前消费、借贷消费更是层出不穷，这些消费方式如果不控制好度，就会将你引入一个"消费→还贷"的无限死循环中，让你在还贷的路上越走越远。与其期待财务自由，不如用好手里的钱，以钱生钱。

1.3.3 少负一点

曾经有一句话刷遍了朋友圈，这句话便是"在深圳，除了花呗，我什么都没有？"。一般人并不能很好地理解这句话的意义，但是在北上广奋斗的青年人一定懂得这句话的意思。北上广由于大企业较多，信息通畅，能够提供的岗位也多，但是同时带来的压力也更大，消费负担也更重，因此很多年轻人都超前消费。

但是这种超前消费也同时带来负债，除了花呗还有蚂蚁借呗、信用卡、微贷等，很多年轻人消费的时候开心，但到了还款日才发现，工资的一大半都用来还贷了。到当月底下月初的时候工资已经用的七七八八了，于是又开始花呗、借呗、信用卡超前消费，这样就将陷入恶性循环，如果遇到突发的意外事件，将会措手不及。

超前消费，负债过多，不仅没有余额，也没有多余的钱财用来理财投资。当然，这样的情况一般发生在毕业 1~3 年的大学生身上。毕业 5 年以上，人生又将进入另一个阶段，比如结婚生子，幸福生活开始的同时也是压力倍增的同时，这时候的房贷、车贷、育儿费用等都将带来大笔的负债。这时候如果还不能进行合理的规划与安排，不仅月月光，还超前透支消费，那么就将给家庭的正常生活带来影响。

进入这个阶段，父母年迈，身体也渐渐老化，如果出现生病情况，必将给家庭产生严重的影响。所以，总体来说，别说理财计划，就是想过上正常生活也应该减少负债，远离超前消费等。

花呗、信用卡等方便的超前消费，大众都在使用，因为支付快捷方便，但一定要控制在一定的程度，而且一定要记得在还款日按时归还，否则将会影响个人信用，而且拖延一天不仅有罚金也多一天的利息。

1.3.4 余钱存银行要想好

你有没有发现你的朋友或者朋友的朋友，在某某银行上班，你看到他在自己的朋友圈、班群里发一些利率上浮、存钱送礼、定存返现、送优惠项链、纪念币等活动，你才发现原来银行也这么商业化啊。

在我们传统的意识里，银行不需要商品化，都是人们自己送钱上门，那么，那些银行从业者为什么商品化呢？简单来说就是现在人们越来越不喜欢将存款放在银行，因为活期利率低，即使定期利率也高不了多少，而且也存在说不定你的定期，实际上是购买银行推出的某一款理财产品的风险。那么存银行好不好？存多少？存多久？利率怎么样？这些都是我们需要思考的问题。

首先，我们来看 2018 年工商银行的存款利率，如表 1-1 所示。

表 1-1　工商银行存款利率

项目	年利率 %
一、城乡居民及单位存款	
（一）活期	0.30
（二）定期	
1. 整存整取	
三个月	1.35
半年	1.55
一年	1.75
二年	2.25
三年	2.75
五年	2.75
2. 零存整取、整存零取、存本取息	
一年	1.35
三年	1.55
五年	1.55
3. 定活两便	按一年以内定期整存整取同档次利率打 6 折
二、协定存款	1.00
三、通知存款	
一天	0.55
七天	1.10

根据如上的银行利率，10 000 元的本金，如果按照整存整取，定期一年，那么一年的利息为 175 元，月利息约为 14.58 元，也就日常的一碗面钱。同样的 10 000 元本金，如果存放在 P2P，年利率 8%~15% 左右，一年的收益也有 800~1 500 元。

看到这样的利息，你还愿意将钱丢进银行吗？如果你真的想理财，也能够承受一定的投资风险，请从把钱从银行里取出开始，然后选择适合自己的投资方式，让钱生钱。

1.3.5 72 变理财法宝

羊吃草，狼吃肉，狼吃羊。在当今社会，小财小理，大财大理，余额不多可以"吃草"嘛，而家底丰厚之人，在理财市场是肯定"吃肉"的。如果我们不改变理财观念，掌握理财法宝，我们好不容易积攒的本钱，也会慢慢地被吞噬，被吃掉。

如果 1 元钱掉在地上，你会去捡吗？有人说，那不是我的，我不捡；有人说一分钟可以刷一遍朋友圈了，不捡；有人说，捡钱的一分钟，我的进账是 1 元的几千倍，不捡。捡不捡，不重要，重要的是我们来探讨下，关于 1 元钱的效应。

如果你家有两个月大的宝宝，你每天都为孩子存下 1 元钱，如果年收益是 10%，到宝宝 60 岁，那么这笔钱累计就将为 200 万元。大多的理财都是从小钱开始的，包括一些千万富翁们。我们说的"双赢"也可用在理财上，即当你用心去理财时，财也将用心回馈于你。

对于小额的理财，一般适用于刚毕业参加工作的职场新人、一般工薪族、储蓄余额不多的家庭，即使每月能结余 500 元，也可以用于一些比较稳健的投资，比如基金定投。

我们都见过滚雪球吧？一般我们常用于高利贷的利滚利，而我们理财常用的便是复利魔法，下面我们简单以案例介绍如下。

刘某在大学实习开始，就将每月薪资中的 500 元用于购买某银行的基金定投，当时的年收益率为 10%。刘集到 27 岁打算结婚时，就不再定投，而是将原来的本金加上近年来的利息作为一次性定投，那么如果到 60 岁的时候，他的本利和约为 141 万元。

戴某从毕业开始，花钱挥霍月月都做月光族，直到他 28 岁的时候，由于结婚生子产生的各种压力，于是开始理财规划。他同样每月定投 500 元，当时的年收益率也为 10%，到其 60 岁时，累计本利和约为 140 万。

钟某从 25 岁开始，由于勤俭生活，手里有了一点积蓄，于是开始每月定投。如果等到 65 岁退休，他想成为千万富翁，若年收益率为 8%，那么他每月需要投入 2 800 多元，若年收益率提高到 12%，那么他每月需要投入 840 多元。

从上面的例子我们知道，理财目标的实现和我们的投入时间、产品收益、每月投入多少等息息相关，而我们只有利用好手里的每一分钱，并且越早开始理财规划才可能早日实现理财目标。

理财的方式和孙悟空的 72 变一样，不同的家庭，不同的收入，不同的年龄都要根据实际情况进行不同的变化。而不管我们前面的 1 元钱飞升 200 万元，还是后面的百万、千万富翁，都告诉我们 72 变魔法中的利滚利的理财法宝，即我们要因时因人制宜。

1.3.6 100 法则是什么

对于一生来说，20~30 岁时是事业的起步期，30~40 岁则是组建家庭、养孩子、事业上升期，40~50 岁则家庭和事业都相对比较稳定，50

岁以后步入晚年并为退休做打算，希望能在 60 岁以后有个安稳的晚年。

在每个阶段，我们都需要理财，但可以拿出的理财资本是不一样的，比如 25 岁和 35 岁的你，到底该拿出多少进行理财投资呢？如果从年龄考虑，不妨参考 100 法则，可以得出一个投资比例。一般可用公式计算为（100- 年龄）%，简单以表格举例说明如下，如表 1-2 所示。

表 1-2　投资 100 法则运用

年龄	资产现状	100 法则（%）	高风险投资比例（%）
20~30 岁	收入不高，但支出较大	70%~80%	70%~80%
30~40 岁	薪资增加，压力增强	60%~70%	60%~70 %
40~50 岁	家庭事业稳定，收入达到顶峰	50%~60%	50%~60%
50~60 岁	事业稳定，准备退休	40%~50%	40%~50%
60 岁以上	退休，安度晚年	40%	40%

如果你今年 25 岁，那么根据 100 法则，如果是投资基金，可以将投资总额 75% 投资于一些风险相对较高的股票型基金；而如果你今年 35 岁，可用于风险较高的投资，如股票金额为投资金额的 65%，剩余的可用于一些稳定投资，如基金定投。当市场不稳时，可增加稳健型产品的投资比例。当然 100 法则是在不考虑风险偏好的前提下进行的，其仅可作为一种理财参考而非必需。

1.4
你的消费水平有没有拖后腿

理财的目的是为了增加收入，不管是主动收入还是被动收入，但在理财的同时，我们同样会消费。消费作为必要的支出，是不可能避免的。不同的家庭，消费支出不同，以至于形成不同的消费水平。人以群分，物以类聚，消费水平同样如此。消费同样分圈子、分阶层，有的人消费仅为千元，有的人则会花费万元甚至十万百万。那么，消费水平有没有一个标准来定义它的尺度呢？

1.4.1 消费档次是否与你的收入匹配

随着互联网越来越发达，人们的衣食住行都可以在网上解决，甚至很多时候被商家引导，生成很多不必要的开支。有的月入千元，消费千元，有的月入千元，消费万元。这种有多少花多少，甚至花多的消费都是不合理的那么怎样的消费才算合理呢？

根据国家统计局数据，2018 年一季度，全国居民人均可支配收入7 815 元，比上年同期名义增长 8.8%，扣除价格因素，实际增长 6.6%。其中，城镇居民人均可支配收入 10 781 元，增长 8.0%，扣除价格因素，实际增长 5.7%；农村居民人均可支配收入 4 226 元，增长 8.9%，扣除价格因素，实际增长 6.8%。我国的居民收入，一般由城镇居民收入和农村居民收入组成，而两者则存在较大落差，如图 1-1 所示。

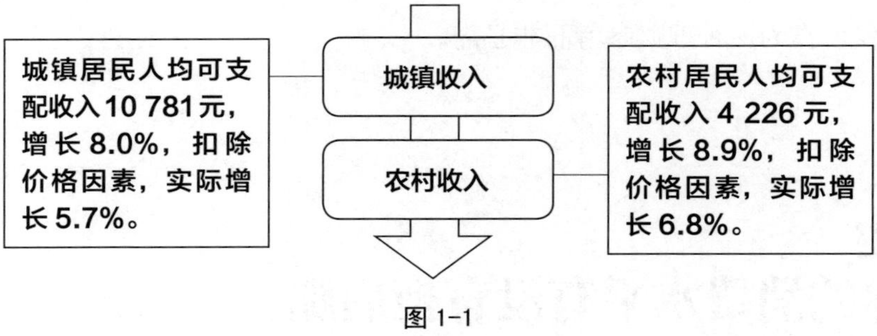

| 城镇居民人均可支配收入10 781 元，增长 8.0%，扣除价格因素，实际增长 5.7%。 | 城镇收入 农村收入 | 农村居民人均可支配收入 4 226 元，增长 8.9%，扣除价格因素，实际增长 6.8%。 |

图 1-1

全国居民人均可支配收入中位数 6 580 元，增长 8.5%，中位数是平均数的 84.2%。其中，城镇居民人均可支配收入中位数 9 275 元，增长 6.6%，是平均数的 86.0%；农村居民人均可支配收入中位数 3363 元，增长 9.9%，是平均数的 79.6%。而在一季度，全国居民收入情况具体如表 1-3 所示。

表 1-3　居民收入情况

项目	收入数据	增长比例	占可支配收入的比重
人均工资性收入	4 450 元	9.0%	56.9%
人均经营净收入	1 372 元	7.1%	17.6%
人均财产净收入	643 元	10.3%	8.2%
人均转移净收入	1 351 元	9.2%	17.3%
合计	7 816 元	—	100%

而与此相对应的，则是居民的消费支出，如表 1-4 所示。

表 1-4　居民支出情况

项目	支出数据	增长比例	占人均消费支出的比重
居民人均食品烟酒消费支出	1 615 元	5.2%	31.3%
人均衣着消费支出	441 元	9.4%	8.6%
人均居住消费支出	1 107 元	13.1%	21.4%
人均生活用品及服务消费支出	310 元	11.9%	6.0%
人均交通通信消费支出	676 元	4.9%	13.1%
人均教育文化娱乐消费支出	454 元	5.4%(下降)	8.8%
人均医疗保健消费支出	424 元	20.7%	8.2%
人均其他用品及服务消费支出	135 元	6.3%	2.6%

据统计，2018 年一季度，全国居民人均消费支出 5 162 元，比上年同期名义增长 7.6%，扣除价格因素，实际增长 5.4%。其中，城镇居

民人均消费支出 6 749 元，增长 5.7%，扣除价格因素，实际增长 3.4%；农村居民人均消费支出 3 241 元，增长 11.0%，扣除价格因素，实际增长 8.8%。

从统计的收入和支出数据来看，我们就可以知道自己的消费水平是否达到人均，是高于还是低于，以及收入和支出是否相匹配。从财富的高低，我们将消费划分的几个圈层简单介绍，如图 1-2 所示。

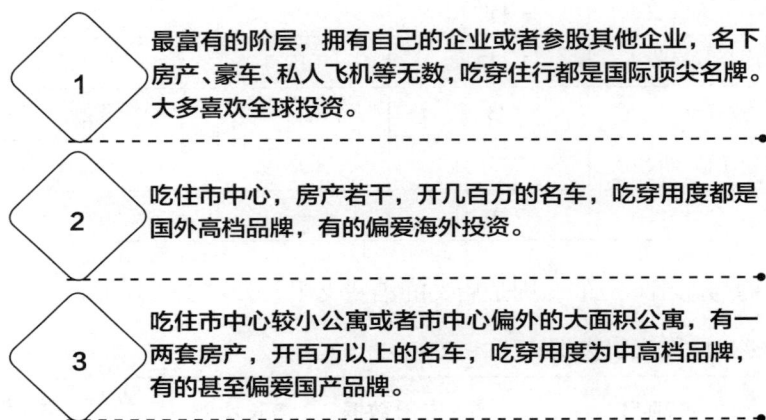

1 最富有的阶层，拥有自己的企业或者参股其他企业，名下房产、豪车、私人飞机等无数，吃穿住行都是国际顶尖名牌。大多喜欢全球投资。

2 吃住市中心，房产若干，开几百万的名车，吃穿用度都是国外高档品牌，有的偏爱海外投资。

3 吃住市中心较小公寓或者市中心偏外的大面积公寓，有一两套房产，开百万以上的名车，吃穿用度为中高档品牌，有的甚至偏爱国产品牌。

图 1-2

上面的 3 个圈层多为一些豪门或者我们说的"土豪"，他们吃住高档，动辄消费百万，一般工薪阶层很难望其项背。

其他的一半圈层其实没有多大的划分，比如月入 5 万 ~10 万元的企业高管，他们的日常开支也会在 5 万 ~8 万元，比如高档的车、西服、餐厅、房贷，他们的收入也只能维持在那个圈层的最低要求；而对于一般的青年，月收入 5 000~10 000 元，他们在天猫淘宝上消费，外出一般餐厅消费，去中档的理发店，开十几万的车，他们的收入也可能是那个圈层的中等；而对于一些毕业不久的职场新人，月收入在 3 000~5 000 元，他们的消费相对最低，只能满足日常的基本开销，有的甚至还要负债。

由于圈层的差异，造成消费的两个阶段，极高或极低，这就将给人们的生活带来一定的纠结与压力。但我们也不能以收入与支出的高低来定义幸福程度。有的企业高管，年入百万，但是感到生活痛苦得大有人在，而对于月入千元的小白领，有着小幸福的人也比比皆是。如何使自己的生活充满幸福感？理财是一个重要方面、准确地定位你自己所在的阶层，不轻易越位，努力地赚钱与理财以使自己达到所在的阶层能享受最舒适的生活的收入。

1.4.2 30 岁的你有多少存款

古语有云：三十而立。可是对于现在的青年人来说，到 30 岁很多还是立不起来，因为很多人面临着 30 岁危机，生活在一二线城市的青年特别能感触，那么 30 岁会面临哪些问题呢？

①对于一般的青年，每月的房贷、车贷以及其他高昂的生活支出是压力，如果工作出现意外时更是压力倍增。

②养孩子压力渐渐增加，甚至不敢生二胎，因为养二胎的金钱和精力都不够。

③生活压力一天天增加，只能拼命工作维持生活，对于未来不敢设想，对于工作不敢走错一步。

所以，你看，当 28~35 岁的时候，一重重的压力扑面而来，上有老下有小，工作、生活双重焦虑，这个时候，你会希望变出 3 个自己，那样就有 3 份工作，可是现实吗？高强度的工作虽然能带来较高的收入，但是这些高收入并不能用来享受，房价、教育、医疗三座大山将压垮整个家庭。因此对于接近 30 岁的人来说，为什么工作体面，收入增加了还是感觉每天无比压抑？简单说是他的付出与回报存在预期差异。付出很多，但是回报的金钱却并不是期望的，从本质上来讲还是理财问题，30 岁前没有做好理财规划。

你 30 岁，如果你的月收入在 1 万元左右，将来升职也只能以 5% 的速度，那么你的房贷不能越过 4 000 元，养车费用不能超过 1 000 元；如果你还有孩子和父母要养，那么 1 万元也只能勉强满足而已。有时候甚至要靠以前的存款帮扶，还有，我们常见的朋友为了新房的装修向朋友借贷。所以 30 岁的你，有多少存款呢？

1.4.3 奢侈品离你有多远

对于青年人来说，追随潮流是一种趋势，特别是近些年网购的迅猛发展。据了解，2018 年的奢侈品领域消费主体将由中国人领军，取代以往的美国和欧盟。

据了解，2016 年中国的在线奢侈品销售额增长 12%，2017 年在线交易仅占奢侈品销售总额的 8%，2018 年这一比例将上升至 9%，预计 2021 年底达到 13%。而消费人群将由 35 岁下降到 25 岁，90 后将成为奢侈品消费的另一个强大群体，即那些毕业不久刚走入职场的新人，或者工作在 3~5 年的青年，对于奢侈品的追逐更热烈。

人们热烈的网络购物，包括对于奢侈品的消耗，大大降低了奢侈品的消费年龄。据了解，在 2025 年，预估青年人在奢侈品上的可支配收入占中国可自由支配收入的 50% 以上，即人们将可支配收入的一半用于购买奢侈品。

据麦肯锡的全球研究所的调查显示，80% 的奢侈品店集中在中国

15 个城市，但只有 25％ 的奢侈品消费者居住在这些地方。2016 年中国消费者对全球奢侈品市场贡献率达到 32%，2016~2025 年中国消费者奢侈品市场规模将以 9% 的 CAGR 增长，远高于其他国家（3%），到 2025 年，760 万户中国富裕家庭的奢侈品消费将达 1 万亿元人民币，占全球奢侈品市场的 44%。电商的发展是推动奢侈品消费的重要原因。

据《2017 年全球奢侈品行业研究报告》，2017 年全球奢侈品市场整体规模增长 5%，达 1.2 万亿欧元。其中，中国奢侈品市场增速高达 15%，增速远高于全球其他地区。

而人们购买的奢侈品主要体现在化妆品、女装、珠宝等，对于这几类的消费，远远超过了其他的消费品类。所以如果你偶然看见和你收入差不多的同事手提 LV，不用怀疑真假，或许她用掉几个月工资，或许只是消费习惯罢了，但是这种消费习惯并不推崇，因为它只能让你表面上看上来光鲜，实际的生活到底有多窘迫，就只有自己知道了。

所以，奢侈品离你并不远，它时时刻刻在你身边，只在于你是否消费它。但是否消费还是由你拥有多少可支配的收入决定，它与你的可支配收入成正比，而你的可支配收入多少完全与你是否理财，你的收入高低息息相关。

1.4.4 适度消费，"卡奴"不好做

我们常听人说起"卡奴"，那么如何理解"卡奴"呢？"卡奴"又可以简单理解为卡债族，它是一个贬义词，是指人们过度地使用信用卡、现金卡透支消费，但是自己的收入无法将支出平衡，在消费的最开始只能缴纳一部分金额，而剩余部分通过欠债的形式支付，需要对相应的金融机构支付利息、违约金、手续费等，这充分体现了个人

资金出现的周转难题。

"卡奴"一词最先源于中国台湾，是指没有能力偿还透支信用卡的卡民。中国台湾金融主管部门将无力偿还银行最低还款额，且连续3个月未能还款的人定义为"卡奴"。银行间为争夺客户"滥发"信用卡，使很多没有足够支付能力的人也拥有信用卡。持卡人狂购、物乱刷卡，这是造成"卡奴"现象出现的根源。

曾经在上海发生一起耸人听闻的自杀事件，究其原因，还是卡奴惹的祸，一家人因为透支的50万元信用卡无力归还，最终选择结束生命。

而近些年来，卡奴的年纪也渐渐降低，不再是常见的25岁以上，而是一些还在校的大学生，成为新一批卡奴。对于刚走进大学校园的新生，一个宿舍或者一个班级被忽悠或者强制要求办理各种银行的信用卡。而据报道，曾经某位父亲就为办了10多张信用卡的女儿偿还了20多万元。如果是一个普通的家庭，父母能拿出如此多的积蓄吗？而对于一个学生来说，20多万元又消费到哪里去了呢？归根结底还是过度消费，热衷于我们前面说的奢侈品消费。

近年来，关于信用卡的案例纠纷逐年增加，年龄从20多岁开始，很多是大学生或者毕业几年的职场新人。究其根本原因还是收入和支出的严重不匹配，个人的收入完全满足不了消费，除了要求适度消费养成节俭的消费、习惯提高收入是根本，毕竟欠的债迟早要还的。而信用卡的超前消费也是一种负债，如何避免成为卡奴，适当的理财是根本。

第 **2** 章

理财是管好资金，实现财富增值

理财的本质就是管好自己现有的资产，包括流动资产和非流动资产，增加我们可支配的收入。

那么，我们有哪些资产要管理？什么是财务周期？4 个账户有哪些？你到底有多少收入可用于理财？可不可以制定一个详细的理财表？有没有哪些工具可以帮助我们更好地管理好自己的资金？

通过对本章的学习，你将全面学会管理资金的相关知识和方法。

科学管理个人及家庭财富

　　无论我们是刚步入职场的新人，还是已经工作几年的上班族，我们都希望增加个人收入，实现个人或者家庭财富增长。那么我们该如何做呢？四字箴言：科学管理。

2.1.1　我们有哪些资产要管理

　　理财是个技术活，在理财之前我们首先得知道我们有什么财可理。简单说就是我们有哪些资产需要管理。

　　据某财经网站对于家庭资产的定义是：家庭所拥有的能以货币计量的财产、债权和其他权利。

　　财产主要是指各种实物、金融产品等最明显的东西；债权就是家庭成员外其他人或机构欠你的金钱或财物，也就是你家庭借出去可到期收回的钱物；其他权利主要就是无形资产，如各种知识产权、股份等。能以货币计量的含义就是各种资产都是有价的，可估算出它们的价值或价格。

　　而家庭资产从会计上定义，一般可分为流动资产和非流动资产，具体如图 2-1 所示。

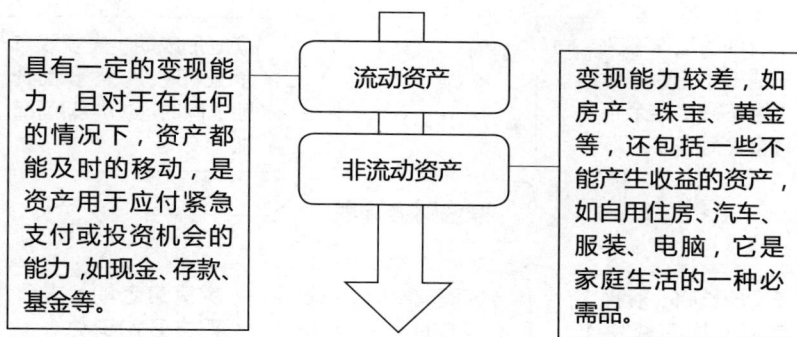

具有一定的变现能力，且对于在任何的情况下，资产都能及时的移动，是资产用于应付紧急支付或投资机会的能力，如现金、存款、基金等。

流动资产

非流动资产

变现能力较差，如房产、珠宝、黄金等，还包括一些不能产生收益的资产，如自用住房、汽车、服装、电脑，它是家庭生活的一种必需品。

图 2-1

当然，家庭或者个人的资产，还可以分为无形资产、实物资产、财务资产等。无形资产就是专利、商标、版权等；实物资产包括房子、汽车、电脑、家具等；财务资产则指各种股票、债券、基金等金融投资。个人的家庭资产，一般可以分为理财资产、必须使用的资产、高消费产品。理财资产一般指可支配的现金、银行存款、基金等金融资产；必须使用的资产一般常指自用住房、汽车、家具、服装、化妆品等；高消费产品一般是家庭拥有的或多或少的奢侈品，包括一些高档消费的珠宝、戒指、收藏品、度假别墅等。

2.1.2 财务周期让理财更长远

理财是个长远的计划不是短暂的规划，因此它和人的生命周期一样，具有一定的财务周期。不同的人生阶段，家庭的财务状况不同，风险承受能力以及理财目标也不同。个人或家庭可以根据不同的财务生命周期制定不同的理财规划，那么个人或家庭的财务周期是怎么样的呢？一般家庭财务周期可以分为五大周期，如图 2-2 所示。

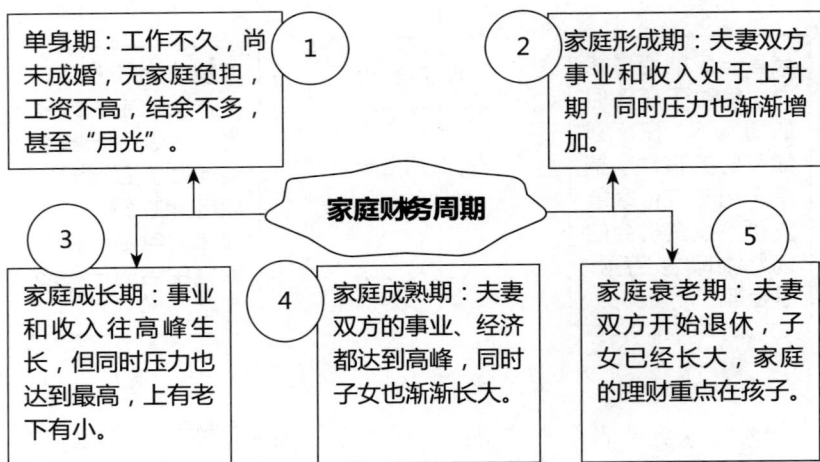

单身期：工作不久，尚未成婚，无家庭负担，工资不高，结余不多，甚至"月光"。 ①

② 家庭形成期：夫妻双方事业和收入处于上升期，同时压力也渐渐增加。

家庭财务周期

③ 家庭成长期：事业和收入往高峰生长，但同时压力也达到最高，上有老下有小。

④ 家庭成熟期：夫妻双方的事业、经济都达到高峰，同时子女也渐渐长大。

⑤ 家庭衰老期：夫妻双方开始退休，子女已经长大，家庭的理财重点在孩子。

图 2-2

在家庭的不同阶段，家庭需求不同，同时家庭的结余也是不同的，能用于可支配的理财投资也是不一样的，应该因时因地做出不同的规划。那么如何去规划呢？简单用例子说明如下。

王某从毕业开始就在一家公司做销售，现在年收入基本能达到50万元，他现在已经30岁了，如果他65岁退休，那么离退休还有35年。在这35年里，他至少要创造1 750万元。如果他是家庭的主要经济来源，那么这1 750万元就包括未来35年的整个家庭的医疗、养老、教育等。王某在这35年里还不能有任何风险，否则就将影响家庭的生活水平。

所以王某在这35年，不仅要保证现在的正常收入水平，同时也要通过理财的手段增加一些额外收入，并且为了避免风险来临时，无钱可应对，王某需要给自己和家人增加风险保证，比如购买保险。总体来说就是要做好长期的财务规划，理财是一个漫长的过程，就像种植果子，埋下种子，一路呵护，总有一天将会开花结果。

2.1.3 投资理财不等于投资发财

投资理财能让你成为百万或者千万富翁吗？答案是 NO。即使有一些人通过投资理财暴富，但是毕竟是少数，比如我们常听说的股神。高收入意味着高风险，你只见炒股带来的高收入，却未见有人为炒股倾家荡产。投资是理财的一部分，但是理财不能和投资画等号，更不是投机，所以投资理财不是投资发财。

如果现在市场上的一些基本理财产品，其收益一般在个位数或者百分之十几。那么，收益率在 20% 或者 30% 的，一般都不能相信。所以这百分之几的收益能带来暴富吗？即使是暴富那也是少数，是人中龙凤。虽然理财不会一夜暴富，但是长期的理财也将给我们增加一定的财富，特别是当下复利的计算，简单举例说明如下。

龚某从毕业开始就在一家公司工作，今年已经是第五年了，由于平时节俭消费，合理开支，虽然工作时间不算长，但是手里也积攒了10 万元的结余。最近朋友介绍一款年收益率为 8% 的理财产品，但他打算过两年才开始买，因为最近女朋友催他结婚。朋友告诉他，自己也投资了 10 万元本金，如果他比自己晚两年再理财，若是收益率不变，那么他就将比自己少得收益 16 640 元。如果他比自己晚五年再理财，那么他就将比自己少得收益 46 932 元。

所以时间就是金钱，理财不能带来暴富，但是选对产品就一定能带来财富的增加。只有理财的时间足够长，财富才能像滚雪球一样越滚越大，从而增加收入。

在投资圈曾经流行过一个 72 定律，即当你有 10 万元的本金，某理财产品，年收益为 8%，那么只需要 9 年，复利计算下，本金收益就为 20 万元；如果每年收益为 12%，只需要 6 年，本金就能翻倍。那么到底投资的本金在多少年后能翻本呢？就通过"72/ 收益率数字"就能得到，如前面计算的 72/8=9 和 72/12=6。这再次说明，投资理财和时间息息相关，投资理财是一个漫长的过程。

2.2
4 个账户稳稳赚，小钱也能变大钱

我们知道个人或家庭理财具有五大生命周期，那么在不同的理财周期，我们需要制订不同的理财计划，如何制订理财计划呢？我们可以通过开立 4 个账户来理财，这 4 个账户分别是现金账户、备用账户、投资账户和长期收益账户。

通过这 4 个账户，可以实现以钱生钱，小钱也能变大钱。标准的 4 个账户便是对家庭理财很好地规划，被很多家庭理财所熟知，简单介绍如下。

2.2.1 现金账户：自动划扣，省时省心

作为青年来说，工资收入是主要的收入来源，而工资收入账户也可以理解为现金账户，一般作为家庭的日常开销账户，作为一种活期储蓄放在银行中，保证家庭的短期开支和日常生活。由于日常生活的吃、住、行等费用都从这个账户中支取，因此对于这个账户一定要进行合理规划，否则该账户花费过多，分配在其他账户中的余额就将减少。

邱某在一家私营企业上班，每月薪资扣掉税收社保以后，薪资大概在 3 500 元，而这 3 500 元作为当月的吃住行的消费，每个月基本要

消费 3 000 元，这还是在应酬较少的情况下，如有应酬、旅行等则完全不够用。最近朋友介绍了一个女朋友，除了增加日常花费以外，他也开始考虑存钱的问题，毕竟有女友了就要往结婚考虑，而结婚就意味着要存钱、花钱。

如邱某这种工作不久、存钱不多的家庭，建议建立一个日常开销的账户，将每月的花费做一个规划。一般建议在工资账户即现金账户里留存 3~6 月的生活费，占家庭资产的 10%，一般作为一种活期储蓄存在或者购买一些风险低、流通性好的理财产品，来保证资金的变现速度，从而不影响正常生活。

随着互联网＋的发展，互联网也可以有很多理财产品以供选择，比如支付宝的余额宝、微信的理财通等，流通性都较好。

2.2.2 备用账户：手有余粮，心中不慌

备用账户是家庭通过较少的资金来预防较大危机的出现而设立的，当危机出现时，投入的小额资金可以像杠杆一样撬动更大的资金，因此备用账户也叫作杠杆账户。该账户一般作为一种定期储蓄账户或者通过购买保险等方式存在，平时的作用不大，甚至看不到账户带来的意义，只有在风险来临时，拥有它就可以保证家庭不用卖车卖房，股票低价套现，甚至到处借钱。如果没有这个账户，你的家庭资产就随时面临风险，所以整个账户又叫保命的钱。简单举例如下。

章先生作为家庭的顶梁柱，今年 35 岁，年收入在 20 万元左右，妻子在一家公司做文员，扣掉社保，月收入大概 3 000 元，家里有一个上幼儿园的宝宝，在城边按揭了一套二居室，每月还款 2 000 元左右，每月固定给双方的父母 2 000 元左右，其中自己的父母帮忙带孩子，父

母的日常开销也由章先生负责。章先生的工资作为家庭的消费、房屋还款、额外支出等，每个月的工资大部分都被花掉。

偶然有一次，母亲生病住院，动了一个手术，在ICU住了一周左右，虽然有社保，但是老家农村的医保报销比例较低，家庭还是支出了5万元左右。妻子开始和他商量在社保之外，给家里的老人和他购买一份重疾险，以防有意外来临，可以通过保险承担而不是加重家庭负担，特别是章先生作为家庭的经济支柱，更是要保证。

如章先生的家庭，就该建立一个备用账户，一般建议金额为家庭收入的20%左右。无论是通过定期存款还是购买保险的方式，以小博大，解决偶然意外的大额开支。一般建议购买保险，它更多的在于保障而不是生钱，定期存款也可以，但流通性相对差点。

2.2.3 投资账户：投资不是目的，收益才是

投资账户简单说就是通过该账户的余额实现以钱生钱，它存在的主要目的在于增加家庭收入，重点在于账户的投资收益，通过该账户，个人或家庭可以进行房产、股票、债券、基金等投资，对于该账户可支配的金额一定要合理安排。

一般该账户的投资可以分为两大类，风险低、固定收益的投资和风险高、高收益的投资。具体是单一投资还是组合投资就要根据家庭的实际情况而定。

李先生在一家公司做销售经理，今年30岁，年收入在50万元左右，妻子在一家公司做文员，扣掉税收和社保，月收入3 500元左右，年收入加奖金5万元左右，家里有个1岁的宝宝，在城里按揭了一套二居室，每月还款2 000元左右， 他每年将10万元投资于股市、基金、P2P，

期望获得高收益。

综上所述章先生在进行投资时并没有局限于同一投资品种，那么家庭的理财账户到底配置多少金额合适呢？一般建议该账户的资产投入比例占家庭收入的 30% 即可。更要根据家庭实际情况去配比，不能今年将该账户的 10% 去买股票，结果在股市获得大利后明年就将该账户的 90% 全用去买股票，高收益就意味着高风险，并不是每个家庭都能承受高风险的。

毕竟，投资理财≠投资发财。

2.2.4 长期收益账户：放长线，钓大鱼

我们知道家庭具有生命周期，理财同样具有财务周期。那么随着家庭从中年到老年，理财时，我们要考虑设立一种长期收益的账户，以保证将来我们的老年生活品质。此时，家庭应该设置一个长期收益账户，而该账户，越早设置越好。下面以案例简单说明。

蒙先生在一家公司做市场总监，今年 35 岁，年收入在 100 万元左右，妻子在一家公司做人事，扣掉税收和社保，月收入 4 000 元左右，年收入加奖金 5 万元左右，家里有个两岁的宝宝，每月按揭还款 1 万元左右。其中他每年将 20 万元设立了一个长期投资账户，用于家庭的养老金、宝宝教育金、宝宝存款等。最近他急需一笔资金周转，打算减少长期账户金额，等他应付难关后，再增加，但是和妻子商量后，妻子坚决反对。

那么，蒙先生到底该不该减少长期投资账户的金额呢？

长期收益账户是用来保本升值的钱。一般占家庭资产的 40%，是为保障家庭成员的养老金、子女教育金、留给子女的钱等组成的账户。

每个家庭都需要，还需要提前准备。

一般来说，家庭需要保证本金不能有任何损失，并要抵御通货膨胀的侵蚀，所以收益不一定高，但却是长期稳定的。这个账户应该是专款专用的，特别是给宝宝的教育和存款的那一部分。

在设立该账户时，我们需要注意 4 个问题。

◆ 不轻易动用，如将其中的金额用来买车、买房等。

◆ 积少成多，每年或者每月都要固定存入。

◆ 分开隔离，将该账户和其他资产进行隔离。

◆ 重点是保本升值、稳定收益、可持续发展，当然同时要保证本金安全。

因此，家庭的长期收益账户一定要长远、可持续的投资，不可随意变动，毕竟我们将来的养老金都可能在这个账户里呢。将来是保证现在的生活品质还是回到解放前，都取决于年轻时对该账户的投资。

2.2.5 四大账户应用案例

家庭的四大账户对于家庭来说缺一不可，少了任何一个账户，家庭都随时可能面临困境，甚至倒下。当发现我们对于养老账户的安排较少时，这说明我们的家庭资产配置是不平衡的。这时，我们就需要去检测我们其他账户的配比情况，看看哪一个账户存在问题。那么如何合理的运用这四大账户安排家庭的资产呢？简单以案例说明如下。

案例 1：王先生在一家公司做工程师，今年 26 岁，每个月收入在 8 000 元左右，女朋友在一家公司做文员，月收入 4 000 元左右。两人最近打算按揭购买一套房子准备结婚用，而按揭后需要每月还贷 2 200

元，于是他让女朋友统计了一下日常的两人花费以及这几年的结余。
看是否能承担，于是女朋友简单做了统计如表 2-1 所示。

表 2-1 现金账户统计

项目	分类	金额（元）
工作日的固定开销	吃饭	3 000
	交通	500
	话费	200
	合计	3 700
两人共同生活费用	周末做饭	400
	水果牛奶	300
	日常生活用品	100
	外出就餐	300
	周末活动	400
	合计	1 500
房租	—	800
房贷	—	2 200
合计	—	8 200

通过如上的例子，我们知道王先生和女朋友每月的花费为 8 200 元，
而他和女友的收入是 12 000 元，因此每月结余有 4 000 元。如果我们
根据四大账户的 10%、20%、30%、40% 来配比，两人的收入在 12 000
元左右，每月的消费账户应该在 1 200 元，而两人的每月固定花费在
3 700 元，远远超额。应急账户占收入的 20%，即为 2 400 元，他们的
规划里没有。而作为投资收益账户，占收入的 30%，应为 3 600 元。最
后对于养老和宝宝的教育、存款等应该占收入的 40%，应为 4 800 元。

以此可见，两人所有金额几乎都用来消费，对于应急账户、投资账户、长期收益投资账户都没有规划，而要进行这4个账户的配置，就需要减少两人每月的花费。现在看来在所有花费后，两人还有4 000元的结余，但是前提是两人不生病、不养孩子、不养老，可能吗？而剩余的这4 000元并不能解决这三大问题，而且所有的花费还建立在两人无离职的情况。

案例2：李先生和张先生同为两家公司的销售经理，年收入都为30万元，都购买了一套300万元的房子，李先生有房贷200万元，而张先生有父亲的扶持，没有房贷。请问李先生和张先生该如何配置四大账户呢？

通过上例可知，李先生面临的财务风险更大，具有200万元的房贷，将30%的收入用于投资收益账户、将40%的收入用于长期收益投资账户很困难，而将日常开销设定为10%也不可取，因为该家庭的负债占比太高了。而张先生则完全没有这方面的顾虑，因为他无负债。

案例3：吴先生和唐先生的家庭收入相近，都为10万元左右，但吴先生今年才28岁，而唐先生今年已经60岁了，他们该如何配置四大账户呢？

通过上例可知，两人年龄不同，风险偏好、风险承受能力、理财目标等都是不同的。相对而言，吴先生可以克制日常消费账户，偏重投资账户；而唐先生则可以偏重长期收益账户，特别是养老这一块，对于高风险类的投资，慎重。

案例4：欧先生在一家私人企业上班，妻子全职在家带宝宝，家庭年收入约为10万元，除去每月的日常花费和房贷，可用于投资支配的收入约为1万元，是否这1万元都可以用于投资账户呢？

通过上例可知，从家庭实际出发，欧先生的家庭并不一定要投资，重要的是进行备用账户规划，他作为家庭的收入来源，最需要保障，其次还有孩子。否则，如果一旦有任何变动，都将给家庭带来巨大的压力，同时也要注重日常的消费控制。

案例 5：罗先生准备和朋友一起创业，于是打算将投资收益账户和长期收益账户的投资减少或者直接不设置，那么他的四大账户到底该如何分配呢？

通过上例可知，从家庭实际出发，罗先生可以适当地增加日常开销账户，即现金流。同时对于投资收益账户和长期收益账户进行缩减，比如对于债券、股票、基金的投资比例，以及对养老这一块金额减少，同时控制备用账户的投资比例，特别是一些保险投资，比例建议控制在 10% 以内。

通过这几个例子说明，四大账户如果完全按照 10%、20%、30%、40% 来配比并不合适，因为每个家庭的实际情况不一样，每个家庭应根据实际做出合理的调整。

2.3
借助工具，资金明细一秒查

我们每个月的收入多少？消费多少？结余多少？你是模糊还是清晰；每一笔钱都花到哪里去了，你是否能清楚地记得？如果不记得，没关系，可以借助相应的工具来帮我们进行资金的明细查询，这里介绍通过 Excel 制订收支表以及借用相应的记账 APP 来记录相关明细。

2.3.1 用 Excel 合理分配和分析月度资金

Excel 作为办公软件的一种，常用来进行数据分析，不管是在财务方面还是在日常的数据统计中都常常被使用。在这个表里我们可以进行相应的数据统计以及插图，甚至制作我们的家庭收支表、家庭消费明细表等。如图 2-3 所示，我们根据 2018 年 1 月到 6 月的工资收入、其他收入、每月支出、每月结余等做一个相应的家庭收支表，从而为家庭的预算开支等打下基础。

家庭收支表					
年份	月份	工资收入	其他收入	每月支出	每月结余
2018	1	¥10,000.00	¥1,755.00	¥3,412.00	¥8,343.00
2018	2	¥10,000.00	¥2,215.00	¥3,580.00	¥8,635.00
2018	3	¥10,000.00	¥2,310.00	¥3,978.00	¥8,332.00
2018	4	¥10,000.00	¥1,835.00	¥2,780.00	¥9,055.00

图 2-3

与家庭收支表相对应的就是我们的家庭消费表，一般家庭消费表可以根据家居消费、生活消费、娱乐消费和其他消费等四大版块去统计。其中，家居消费又可以分为座机费、手机费、水电费、房租、车辆维修、加油费和停车费等。生活的消费又可以分为蔬菜水果、餐费、衣服、鞋子、化妆品、烟酒、零食、生日、理发、兴趣班、吃饭、看电影、旅行、健身、保险和医疗费用等，如图 2-4 所示。

家庭消费表						
项目	分类	1	2	3	4	5
	座机费	¥0.00	¥0.00	¥0.00	¥0.00	¥0.00
家居	手机费	¥100.00	¥120.00	¥68.00	¥58.00	¥38.00
	水电费	¥200.00	¥180.00	¥150.00	¥220.00	¥200.00
	装修维修费	¥0.00	¥0.00	¥0.00	¥0.00	¥0.00
	房租	¥800.00	¥600.00	¥1,200.00	¥2,400.00	¥1,500.00
	家居用品	¥100.00	¥100.00	¥100.00	¥100.00	¥100.00

图 2-4

通过 Excel 表格，我们对每月的收入和支出就能一目了然了，甚至可以根据相应的表格进行调整。

2.3.2 使用记账 APP 记录每天的支出明细

现在我们的生活已经被手机承包，吃、住、行、购物和娱乐等都可以一键解决，那么我们能不能通过手机进行日常记账呢？随时随地对自己的收入和支出进行了解，有没有这样的理财工具呢？

答案是有，以前很多记账 APP 是苹果专用，现在无论是苹果还是其他的安卓手机都能使用了，各种各样的记账 APP 如雨后春笋般出现。具体简单说明如下。

（1）网易有钱

网易有钱记账是网易公司于 2015 年 7 月推出的一款支持自动同步的专业记账管钱软件。采用手动与自动相结合的多维记账方式，并预置多种账本模板，满足用户多样化的记账需求。其记账界面的小LOGO 一点不繁杂多余，挺有扁平化风格。

进入首页便可看见本月支出统计、本月收入以及今日的新增账单，如图 2-5 所示的是新增三日账单。如果单击"记一笔"按钮，则将进入"流出－流入－内部转账"页面，在其中可以填写相应的账单金额以及选择具体的项目，如图 2-6 所示为选择餐饮，记账 50 元。

图 2-5

图 2-6

同时，点击主界面下方的"账单"按钮，可以根据支出日期，将本月的支出生成相应的账单，如图 2-7 所示。如果点击"我"按钮，在进入的界面中可以进行投资理财活动，如图 2-8 所示为进行基金投资的界面。

图 2-7

图 2-8

（2）随手记

随手记是中国记账 APP 品类的开创者与引领者，中国互联网金融最大的个人理财金融入口，完全按照生活场景设计的理念，即使你在购物、在旅游都能随时随地记账。如果担心手机丢了或换手机，可跟随手网双向同步数据。

首次使用随手记的时候，在下载 APP 后，即在使用前，需要进行账号的登录，同时在首页将显示你记账的天数。

如图 2-9 所示是记账的第二天，进入页面以后，我们将看到最近的收入与支出，其中详细的包括今天、本周、本月的记录，当我们点击"记一笔"按钮后，就可以在出现的页面进行相关记录，如选择记录当天的消费金额 100 元，消费种类为早午晚餐，同时还可以进行备注的填写。

图 2-9

除了上述功能，我们还可以进行流水的查询，从而查到本月的详细流水情况，详细地反映项目所对应花费的金额。如图 2-10 所示为 6 月的花费为 250 元，而在相关账户里则反映为负资产 200 元，负债 50 元。

图 2-10

随手记除了如上的功能，一般还包含投资、权益等项目，如图 2-11 所示各种收益与不同投资期限的理财产品。而在权益的页面，可以通过参与理财社区的讨论，去发现自己的财务漏洞以及和其他人进行理财探讨。

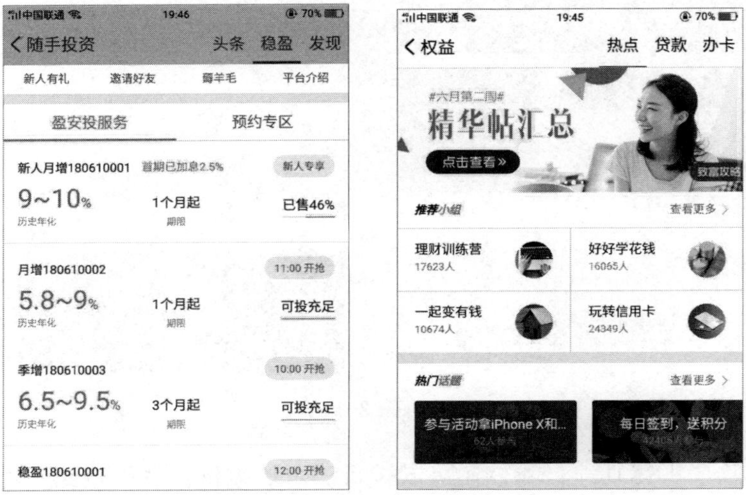

图 2-11

同时，随手记不是单纯的记账，它还可以辅助设置预算，从而控制你的当月消费，在你冲动购物时可以抑制自己的购物冲动，从而达到合理消费，为以后的理财结余成本。

（3）口袋记账

口袋记账是上海奇鸟互联网金融信息服务有限公司旗下的明星产品，个人财务工具类移动应用。口袋记账顾名思义，发工资存口袋来记账，将本月的收入、预算、支出排列，同时对于本月支出的每一项进行详细的记载。如图 2-12 所示。

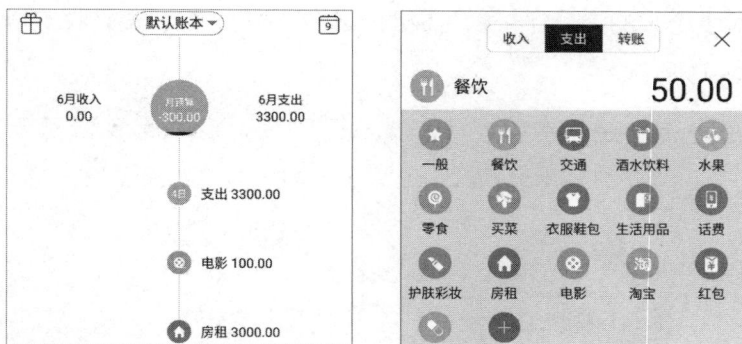

图 2-12

同时在该页面，我们还可以查看我们的资产，如图 2-13 所示，我们的负资产是现金 3 200 元，负债 100 元。

图 2-13

其中，我们还可对于资产的趋势进行相应的了解，如图 2-14 所示。

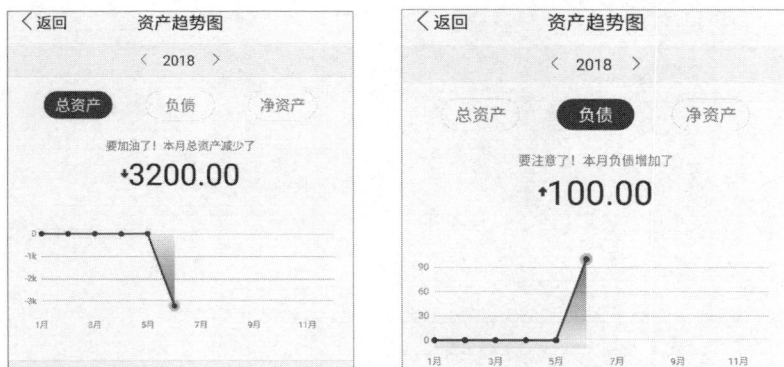

图 2-14

对于个人的资产还可以生成四大财务报表，直观查看收支情况。

如图 2-15 所示。

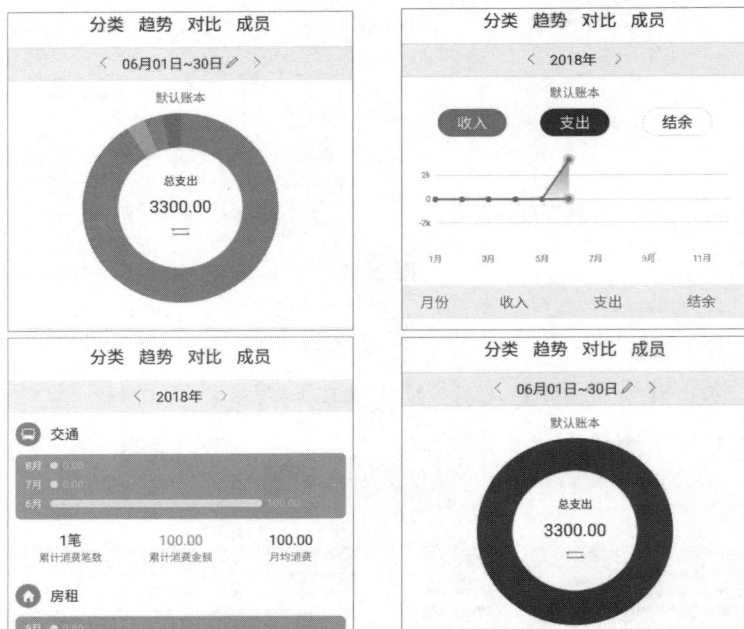

图 2-15

第**3**章

大众理财之路如何开启

你相信人穷是命？还是人定胜天？一个人不可能决定他的出身，但可以决定他如何生活。人生的前二十几年我们或许无法决定，但是后半生的几十年，我们可以自主操控。是困顿一世还是安稳幸福，靠自己的能力决定。这不仅要求你有生活、事业的能力，更要有理财的能力。如果你面前还没有自己的理财之路，那就自己开启。

但是理财如同作战，准备和计划必不可少。所以理财常识、投资常识、理财计划书你准备好了吗？

3.1

理财之前，颠覆你的理财观

人生总是有些事超出我们的想象，有时候需要去颠覆很多事，比如我们的理财观。是是非非，什么是对，什么是错，很多时候没有标准。

就理财观来说，所谓错的便是将你的生活弄得一塌糊涂，对的便是将你的生活安排妥帖，保持平稳甚至质的飞越。那么，我们该如何去颠覆呢？

3.1.1 你不理财，财不理你

"你不理财，财不理你"，这句话几乎成为一句投资人士的口头禅，不管是在银行、股票、债券等各大平台，我们几乎都能看到，那么如何去理解这句话？

两个"理"字并不相同，前一个理是打理、规划的意思。后一个理是搭理，寻找的意思。简单理解便是如果你不去主动打理、规划你的钱财，钱财也不会搭理你。

天上会掉馅饼，刚好砸中路过的你？天下会下黄金雨，刚好落到你嘴里？所以，对于钱财，我们要主动规划，才能累积更多。

在理财之前，我们先来做一个理财小测试。

测试 1：马上春节了，家里要进行岁末大扫除，你会先丢掉下列哪一样物品？

A：旧衣服

B：体积过大的老电器

C：零零碎碎的小东西

D：过期的旧书杂志

选择好了吗？参考分析如下：

A、你具有很强的赚钱能力，但你的消费能力也很高，所以你可能收入丰厚，但也觉得积蓄少，完全不够花。

B、你的理财观属于冲动型，常常冲动消费，冲动购买一些服装、化妆品、家用品甚至理财品，而对于理财方面，你并不擅长，因此你需要一个财政管家。

C、你的消费比较理智，在理财方面也是，会谨慎考虑，人们都会觉得你经济宽裕，其实你是个注重开源和节流的人。

D、你对于理财有自己的见解，不乱消费，购买的东西都是经济实惠型，注重节流，可在开源方面注意一下。

觉得测试准吗？不准咱们再看下一个。

测试 2：假如能在自家后院栽上一棵树作为你的幸运树，你打算栽什么？

A：梧桐树

B：松树

C：芭蕉树

D：黄果树

选择好了吗？参考分析如下：

A、你具有中华民族的传统美德，注重节流，容易满足，对物质要求不高，对于金钱的态度主观，希望成为财务大总管。

B、你性格比较平和，不在意很多事，如果你突然得到一笔大额奖金，会不知道该如何花掉这笔钱。

C、你的个性可能比较激进，对于自己想要的东西会想尽一切办法得到，对于花钱可能存在大手大脚的习惯，所以在发薪以后，可以留出一部分来做备用。

D、你的执行力很不错，很会分析形势，对于理财方面也如此，一旦有结余，就会开始规划。

上面这两个例子并不是百分百准确，并且所谓成功都是 1% 的汗水加 99% 的努力，所以命运掌握在自己手里，上面的例子只是告诉我们，理财一定要主动出击。否则，它也不会理你。

3.1.2 抛掉"人穷是命"的迂腐观念

人穷是命吗？非也，难道所有人生下来都是富贵命？百度、京东、淘宝的掌权者，哪一个生下来就是富贵命？富人的人生不可以复制，但是穷人的命运绝对可以改写，寒门可以出贵子。

不信吗？那我们还来做一个小测试！

假如有位穿着奇装异服、开着名车的男子，突然在你面前停车，似乎要对你说什么，你直觉这位男子身份是什么？

A、劫匪

B、艺术家

C、高官

D、失恋人士

E、富翁

F、魔术师

选择好了吗？参考分析如下：

A、你具有很强的赚钱欲望，在金钱方面也比较有成就，但有时候别忘记，快乐也很重要，有些快乐和金钱无关。

B、你比较喜欢自由自在的生活，对于金钱，你不是太看重，你喜欢把兴趣当工作，即使没有大钱可赚也不会影响你的快乐。

C、你比较低调，个性比较保守，但比较现实，你可能喜欢做金钱背后的操控者，一般人很难看出你的野心，你的自控能力很强，比较讨喜，诚实可靠，但在内心深处对于金钱和权利你是非常在意的。

D、你比较崇尚爱情至上，比较安于现状，太重情，对于金钱方面不太敢冒险。

E、你时时刻刻想着赚钱，你有很好的理财头脑，也懂得如何致富，只是时间问题，但切不可过度。

F、你很会赚钱但是也很会花钱，喜欢即时行乐，注意不要过度挥霍，不然容易陷入经济危机。

从上面例子我们可以看出，没有一个人会注定是穷命，关键在于你的赚钱能力和花钱能力，还有更重要的是你的理财能力。

没有长期贫穷的人，除非只有 3 个原因，要么懒，要么笨，要么贪。我想，没有人能三样占全，因为在当今高压力、高节奏、高淘汰的社会，懒惰必要改，笨鸟可先飞，贪并不是每一个人都有机会。

3.1.3 有钱要理财，没钱更要理财

有人说："我每个月的工资还不够花，拿什么理"。有人说："等我手头宽裕一点再理财，不着急"。这就好比，一个小伙子说："我没钱，找什么女朋友"或者"等我有钱了，再结婚"。可现实是，这些小伙子真的是没钱就不找女朋友了吗？都是有钱以后才结婚的吗？那些从大学开始就有女朋友或者嫁给一无所有的男友的女孩比比皆是。

下面我们来简单看个小故事。

很久前有一个富人，发迹以后回到家乡，遇见小时候的玩伴，发现他家里日子过得很苦，于是起了恻隐之心。他对玩伴说：我这有头牛，送给你吧，你拿着它好好去耕地，等到明年春天的时候，我再派人给你送种子来，等到秋天，粮食成熟，你就不会这么困苦了，至少可以解决温饱了。

玩伴很高兴地同意了，他牵着牛回家，开始耕地，但是耕地一段时间，他发现人吃饭更多，牛也要吃草，生活负担比原来更重了，他想，不如把牛卖了，换几只小羊，然后再生小羊，再把小羊拿出去卖掉，赚钱也会更快。

但是买了小羊以后，他杀掉一只给全家吃，然后有客人来，又杀掉一只，但是小羊羔还没有，他又想，不如将小羊卖掉，换成鸡，这样就可以将鸡蛋拿去卖掉。

他把鸡带回家，同样杀掉一只，又杀掉第二只，当只剩下唯一一只鸡时，鸡蛋还没有影子，这个时候，他想反正已经这样了，不如把这个鸡卖掉，买一壶酒，酒下肚，人不愁。

春天到了，富人兴冲冲地来到玩伴家，却发现这个朋友坐在屋里，一边喝酒一边吃着窝窝头，家徒四壁，而田里都未耕完，还是像以前一样穷，他愣在那里不知所措，和朋友聊起，明白了前因后果后，终于还是长叹一声离开了。

而那个玩伴还是穷人，还是上顿不接下顿，遇到饥荒的时候就饿死了。

看过上面的故事，很多人可能会觉得是穷人的思想出了问题，从穷人的思想来说，他并没有错，他已经在尽量守住财富了。只是如何实现增值理财是个技术活，不然不会增加资产反而会减少资产，所以我们一定要会理财，穷人更是。

3.1.4 为什么要学理财

有人说，我今天不打算投资，明天也是，后天更如是，那么我为什么要学理财，对我没有意义，所以不用学什么理财。事实真的如此吗？

这就好比，我长得不好，学历不高，工资不高，我为什么要追女生？是啊，你为什么要追女生，因为，你不会单身一辈子吧？女朋友或老婆不会从天上掉下来吧。理财同样如此，学理财，总有一天用得上。

对于学理财的人来说，学到的理财知识，今天用不到，明天未必没用。明天没用的知识，未来未必没用。人活百年，谁能说得准什么时候用什么东西呢？

如果我们今天学习了理财知识，比如学习了相关的股票知识，而今天周六，股市休市，股票知识今天就不能用，因为今天股市不开盘，不能做单，明天是周日，股市也不开盘，但是如果遇到股票同行需要交流呢？或者遇见一位客户对于股票特别感兴趣呢？甚至对于你自己来说，等到新的一周开始，你就可以开始操作了。

学习理财不会让你一夜暴富，但是它绝对会告诉你怎么实现财富增值或者改良消费习惯。

3.1.5 要获得财务自由，就必须让钱生钱

看过《穷爸爸，富爸爸》以后，我们得知一个名词：财务自由。任何自由，都是一个吸引词，因为，人，生而不自由！在这个追求名利场、富贵窝的社会去追求自由，本就是一场艰难的行走。

在第一章，我们有提过，真正的财务自由，不是开豪车、住豪宅就足够，是我们的被动收入永远大于日常开支。那么要想实现财务自由，就必须要满足 3 项，如图 3-1 所示。

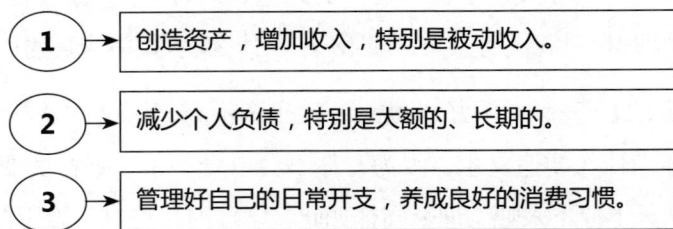

1	创造资产，增加收入，特别是被动收入。
2	减少个人负债，特别是大额的、长期的。
3	管理好自己的日常开支，养成良好的消费习惯。

图 3-1

如何去实现这 3 项呢？可以采用六大法器。具体如图 3-2 所示。

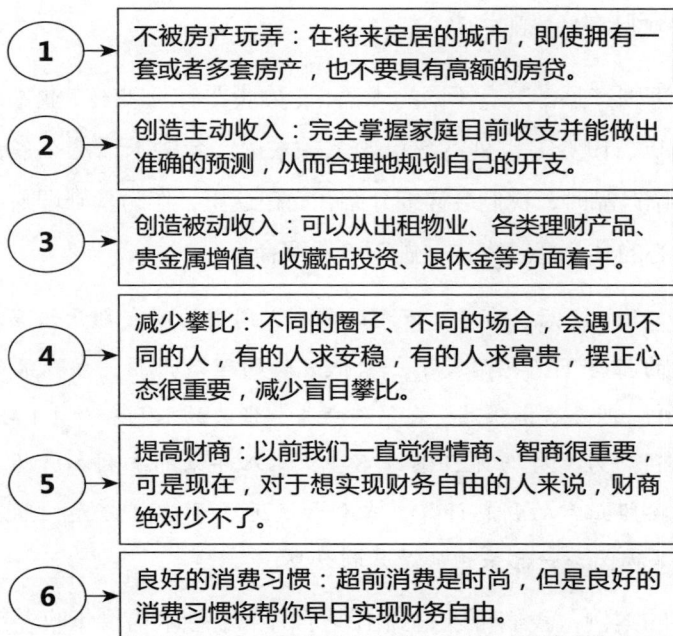

1 → 不被房产玩弄：在将来定居的城市，即使拥有一套或者多套房产，也不要具有高额的房贷。

2 → 创造主动收入：完全掌握家庭目前收支并能做出准确的预测，从而合理地规划自己的开支。

3 → 创造被动收入：可以从出租物业、各类理财产品、贵金属增值、收藏品投资、退休金等方面着手。

4 → 减少攀比：不同的圈子、不同的场合，会遇见不同的人，有的人求安稳，有的人求富贵，摆正心态很重要，减少盲目攀比。

5 → 提高财商：以前我们一直觉得情商、智商很重要，可是现在，对于想实现财务自由的人来说，财商绝对少不了。

6 → 良好的消费习惯：超前消费是时尚，但是良好的消费习惯将帮你早日实现财务自由。

图 3-2

不打没准备的仗，投资常识要知道

理财好比打仗，就算你是一个小兵，也要知道基本的作战常识。同样，对于理财小白，在上战场之前也至少得知道一些基本的理财常识，比如金融术语、投资回报率、税负常识、二八定律、财务杠杆、通货膨胀等。那么，常识课堂开讲了，准备好了吗？

3.2.1 需要玩味的金融术语

不同的理财产品都具有不同的术语，比如股票有股票的专业术语，而基金、期货、债券等也具有各自的金融术语。金融术语那么多，在以后具体介绍产品时，我们会详细介绍，而在这里，作为基础理财者，我们将最关心的几个金融术语，做简单的解释。

张某在工作 3 年后，有了 1 万元的积蓄，周围的朋友都开始理财，于是在朋友的推荐下，也购买了一款低风险的理财产品，该产品的年收益率为 10%，朋友告诉张某，在第一年末，张某的本利和为 1.1 万元，第二年末本利和为 1.21 万元，继续下去，第八年末的本利和就为 2.14 万元。张某按照正常的利息计算，本利和远远小于 2.14 万元，朋友告诉张某，这是因为该产品采用的是复利计息。

从张某的案例，我们可以看到出现了两个金融术语，年收益率和复利，怎么理解呢？年收益率指的是进行一笔投资，一年的实际收益率，但是要注意，一定要和年化收益率区分开来。

理财小贴士

年化收益率仅指把当前收益率（日收益率、周收益率、月收益率）换算成年收益率来计算的，是一种理论收益率，并不是真正的已取得的收益率。因为年化收益率是变动的，所以年收益率不一定和年化收益率相同。

又怎么理解复利呢？复利就是我们常听见说的利滚利，是一笔资金除了本金可以产生利息，在获取一定的利息后，利息也可以产生利息，所以理解为利滚利。所以才会有 1 万元的本金在收益率为 10% 下，第二年的本利和是 1.21 万元。

在我们理财时，从收益的角度，一般常用到的金融术语具体如

图 3-3 所示。

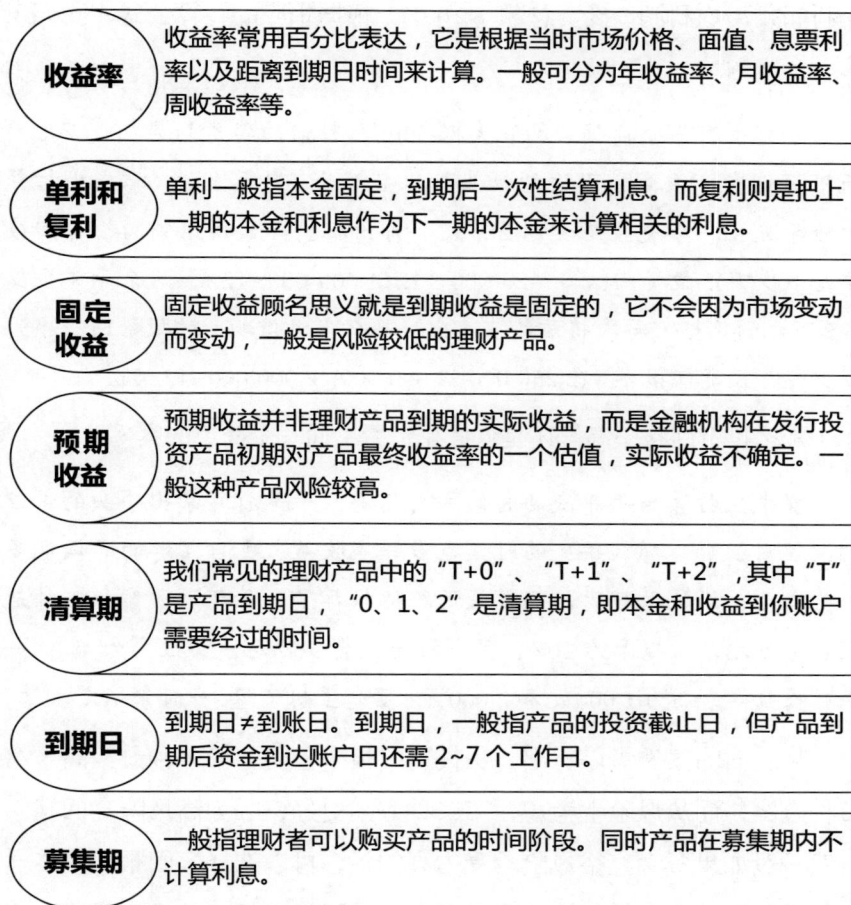

收益率 收益率常用百分比表达，它是根据当时市场价格、面值、息票利率以及距离到期日时间来计算。一般可分为年收益率、月收益率、周收益率等。

单利和复利 单利一般指本金固定，到期后一次性结算利息。而复利则是把上一期的本金和利息作为下一期的本金来计算相关的利息。

固定收益 固定收益顾名思义就是到期收益是固定的，它不会因为市场变动而变动，一般是风险较低的理财产品。

预期收益 预期收益并非理财产品到期的实际收益，而是金融机构在发行投资产品初期对产品最终收益率的一个估值，实际收益不确定。一般这种产品风险较高。

清算期 我们常见的理财产品中的"T+0"、"T+1"、"T+2"，其中"T"是产品到期日，"0、1、2"是清算期，即本金和收益到你账户需要经过的时间。

到期日 到期日≠到账日。到期日，一般指产品的投资截止日，但产品到期后资金到达账户日还需 2~7 个工作日。

募集期 一般指理财者可以购买产品的时间阶段。同时产品在募集期内不计算利息。

图 3-3

3.2.2 如何计算投资回报率：我到底赚了多少钱

投资回报率（ROI）一般是指通过投资而应返回的价值，是我们从事理财活动所得到的理财回报，我们一般也可以将收益率看作投资回报率。

那么，投资回报率怎么计算呢？其计算公式为：投资回报率（ROI）=年利润或年均利润 / 投资总额 ×100%，根据相应的计算公式，我们来看一个案例。

章先生有一个商铺，面积大概 50m²，目前的售价约为 200 万元，而根据调查，该商铺附近的物业月租金约为 400 元 /m²，章先生打算卖给李先生，李先生将其以 2 万元 / 月出租，那么该商铺的投资回报率是多少呢？投资回报率 =20 000×12/2 000 000=12%，后来李先生以 225 万元的价格，再次将该物业卖出，那么当时该物业的投资回报率为多少呢？投资回报率 =(2 250 000−2 000 000)/2 000 000=12.5%。

那么投资回报率高好还是低好呢？看下面一个简单的案例。

罗先生打算今年年底的时候去自驾游，于是打算拿出手头的 1 万元做理财投资，那么年底的时候也多一笔收益，去自驾游的时候也多一些本金，而他做理财的朋友最近给他推荐了两种理财方案：一种是投资 1 万元，回报率为 10%，另一种是投资 5 万元，回报率为 4%，一年后收益率分别为 1 000 元和 2 000 元。罗先生想了想，一时拿不定主意。

从上面的案例可以看出，从投资回报率上看，第一种方案高于第二种方案，而从风险上考虑，第二种方案更好，因为高风险高回报。当然一般如果资金充裕风险承受力高的话，可以选择高回报率的，当然如果风险承受力低的话，可以考虑一些回报率低，并且相对稳定的投资。

年投资回报率多少才是合理的？我们常常听一些投资平台打广告说 30% 甚至 50% 的高投资回报率，看起来就是在画大饼，但是真正能实现的有几家？30% 回报率的风险有多高想过没有，所以还是要实际。

3.2.3 投资需要了解些税负知识

税负，简单来说是国家对纳税人所占有的社会商品或价值的无偿征收，纳税人就需要承担相应的纳税义务，具有无偿性、强制性和固定性，不管是我们的工资还是相应的投资收入，都需要缴纳相应的税负。

从宏观和微观上来区别，如图 3-4 所示。

宏观

从宏观上可分为：增值税、消费税、企业所得税、个人所得税、营业税、资源税、房产税、城镇土地使用税、城市维护建设税、土地增值税、城市房地产税、车辆购置税、车船使用税、车船使用牌照税、印花税、耕地占用税、契税、固定资产投资方向调节税、烟草税等。

微观

从微观上来说，一般指个人与企业，负税人是单位或个人。在微观上，税负具有转嫁性，税负的最终承担者是实际的负税人，比如说投资理财的我们，像是个人的工资税收，投资税收等，它受到国家政策、产业结构、国内商品的价格等影响。

图 3-4

而税负在具体的表现上，一般可以分为 3 种形式，如图 3-5 所示。

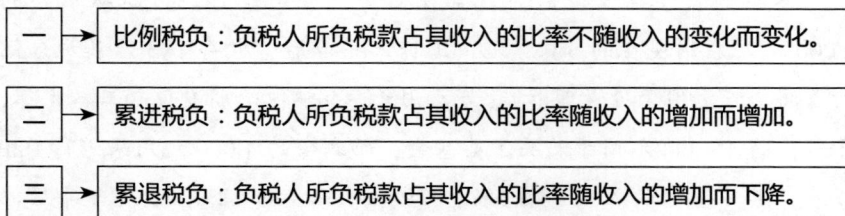

一 → 比例税负：负税人所负税款占其收入的比率不随收入的变化而变化。

二 → 累进税负：负税人所负税款占其收入的比率随收入的增加而增加。

三 → 累退税负：负税人所负税款占其收入的比率随收入的增加而下降。

图 3-5

税负率的计算公式是怎么样的呢？一般税负率＝应交增值税／销售收入×100%，是实际交纳的税款占销售收入净额的百分比。要注意税负率不是税率，两者之间是存在差别的，税率是形成税收负担率的基础，税收负担率则是税率的反映。

3.2.4 投资市场的"二八定律"

二八定律又名80/20定律、帕累托法则（Pareto's Principle），是19世纪末20世纪初意大利经济学家帕累托发现的。他认为，在任何一组东西中，最重要的只占其中一小部分，约20%，其余80%尽管是多数，却是次要的。

在经济学上有这样的说法，20%的人手里掌握着80%的财富。有这样两种人，第一种占了80%，拥有20%的财富；第二种只占20%，却掌握80%的财富。这说明大量的财富只掌握在20%的人手里，而80%的人终身努力，都不能成为20%的圈子里的人。

而在现代社会，二八定律被广泛运用，比如在股票市场，80%是亏空，只有20%能赚钱。

那么二八定律怎么运用到理财中呢？看下面一个简单的案例。

林某从大学毕业以后，一直在同一家公司工作，月薪从最初的2 000元左右到现在的5 000元，工作三年以后，也存下3万多元。他打算将2万元用于投资理财，1万元用于急用，他听朋友说起二八定律，于是他将16 000元用于购买了某基金，而剩余的4 000元用来进行P2P投资，其中基金的收益率为5%，P2P的收益率为12%，于是一年后他将得到的回报是：16 000×5%+4 000×12%=1 280元。

从上面的例子可以看出，理财上运用二八定律主要体现在，将 20% 的本金投资于一些高风险的产品，而将 80% 的本金投资于一些稳定的理财产品。

当然这种方式一般适用于理财小白，随着理财知识以及理财经验的积累，可以适当地调整相应的比例。

3.2.5 杠杆效应：运用财务杠杆增加投资收益

有一句话是这样说的：给我一个支点，我就可以撬起地球。杠杆效应也可以如此理解。在理财上，杠杆效应便可以理解为，绩效的成本带来更大的效益，简单举例说明如下。

李先生用 1 万元进了一批货，这批货最终以 1.5 万元卖出，那么其中的 5 000 元就是 1 万元成本带来的利润，为了扩大生意，李先生从银行贷款 100 万元，借用一星期，利息是 1 万元，这就可以理解为李先生用做生意的本钱 1 万元买了银行 100 万元的使用权，用 100 万元进货，卖出后，赚钱 50 万元，这就是用 1 万元撬动了 100 万元的力量，用 100 万元赚了 50 万元，就是杠杆效应。

财务杠杆一般常用倍数来表示，如果你有 1 万元，投资 10 万元的生意，这就是 10 倍杠杆；如果你有 1 万元，投资 100 万元的生意，这就是 100 倍杠杆，一般我们常在外汇交易中看到杠杆的广泛运用。如 10/50/100/200/400 倍杠杆。

财务杠杆在日常生活中，还可以表现为投资房产，如你购买的房子总价为 100 万元，首付 20%，这就是 5 倍杠杆，如果房价增值 20%，那么投资回报就是 100%；如果首付为 10%，杠杆就是 10 倍，当房价增值 10%，投资回报也是 100%。

在我们投资理财时，可以利用杠杆效应放大我们的投资收益，但同时，杠杆也可能将我们的损失扩大。同样的是 100 万元的房子，如果房价相对下跌 10%，那么投资损失就是 50%，10 倍的杠杆，损失就是 100%，表现过度就将带来次贷危机。

当财务杠杆运用在股票和房价上时，要注意不可过度放大，否则投入过大，当遇到股票、房价大跌时，就将出现资不抵债的情况。

最后，在我们使用财务杠杆时要注意，成功与失败同在，如果赚钱的概率比较大，那么可以适当地放大财务杠杆，反之亦然。

3.2.6 通货膨胀和通货紧缩对投资的影响

十年前，我们每个月的生活费有 200 元都是巨款，十年后，2 000 元，已经很低了。

以前，人们去到菜市场都会问一句，吃早饭了吗？而现在的问候语基本是：今天什么便宜啊？下班路上，你想吃盒饭省钱，结果你发现盒饭钱都涨了；你想在学校外边烤一串烧烤，结果你发现，烧烤肉也涨了；你回到家，看看通知，才发现又要交水电费、交房租，而且水电煤气费都统统涨了；现在有些妈妈们，为了省下孩子的奶粉钱，尽量自己哺乳，结果发现，孩子的尿布钱也涨了。

什么都涨了，只有薪水没有怎么涨，痛苦指数飙升，这一切的根源便是通货膨胀。对于年轻人的生活来说，最明显的表现就是将近 30 岁，也没有属于自己的家，就算按揭贷款买了一套，沉重的还款压力也压得人喘不过气来。

刘某大学毕业两年了，工作刚刚稳定下来，现在月薪在 5 000 元左右，和朋友一起租了个小套房，每月房租 800 元，生活消费 2 000 元，女朋友花费大概在 1 000 元，加上偶尔出去应酬，工资所剩无几，而最近女友有意无意提起结婚的事情，提起结婚，刘某想到的第一件事是买房、买车，可是去哪里挣钱呢？不是他不结婚是他结不起婚。

为什么越来越多的人，不愿意将钱财放在银行，因为即使你放在银行，随着时间过去，在通货膨胀下，你的钱也在贬值，越来越不值钱。然而通货膨胀又不是想不要就能不要的，那我们能做什么呢？除了不铺张浪费，通过理财，以钱生钱是根本。

与通货膨胀相对应的是通货紧缩，通货紧缩的含义，与通货膨胀一样，在国内外还没有统一的认识，从争论的情况来看，大体可以归纳为物价的普遍持续下降；货币供给量连续下降；有效需求不足；经济全面衰退。通俗来说就是人们手里的那些固定工资可以买更多的东西了，那么此时以钱生钱的理财就更有必要了。

通货紧缩常表现为物价下跌，相当于现金增值，因此持有现金是较为明智的选择。当然黄金作为天然的货币，无论是抵御通货紧缩，还是对付通货膨胀，都是理想的选择。

3.3
理财计划书发挥大作用

在做任何事情之前我们都需要有一个计划，理财也如此，我们在工作中会接触到各种各样的计划书，那么理财计划书又是怎样的呢？和一般的计划书又有何区别呢？

3.3.1 理财计划书的制定步骤

理财计划书是个人或者家庭对有形财产和无形财产制定的一种经营计划书，是个人或者家庭从自身经济状况出发，采用相应的金融工具，通过一种或多种途径达成相应的经济目标的一种经营计划。经营计划在实施工作中，对于整个方案整理在一起便是理财计划书。

那么家庭的理财计划书该如何去制定呢？一般可从六大方面去整理，家庭基本情况、家庭现有情况分析（资产负债、每月收支、年度收支）、家庭理财目标分析、家庭理财规划方案、理财预期效果分析、理财规划总结。其中某些部分我们可以以列表表示，具体见表3-1~ 表3-5所示。

表 3-1　家庭基本情况

家庭主要成员表		
家庭成员	年龄	职业

表 3-2 家庭资产负债情况（单位：元）

家庭资产				家庭负债		
项目	名称	金额	占资产比例	名称	金额	占负债比例
流动资产	现金及活期储蓄			房屋贷款（余额）		
	定期存款			汽车贷款（余额）		
	投资			消费贷款（余额）		
固定资产	房地产（自用）					
资产总计				负债总计		

表 3-3 每月收支情况（单位：元）

家庭资产				家庭负债		
项目	名称	金额	占资产比例	名称	金额	占负债比例
收入	本人收入			房贷		
	配偶收入			基本生活开销		
	其他收入			其他支出		
收入总计				支出总计		

表 3-4 年度收支情况（单位：元）

家庭资产			家庭负债	
项目	名称	金额	名称	金额
收入	年终奖金		保费	
	存款、债券利息		产险	
	股息、股利		其他大额支出	
收入总计			支出总计	

表 3-5　家庭理财目标分析

家庭理财目标				
序号	项目	时间	内容	目标资金需求
短期目标	储蓄计划		保费	
	保障计划		产险	
中期目标	购房计划		其他大额支出	
	孩子教育基金		支出总计	
长期目标	养老金			
	退休时无负债			
合计				

　　以上诸表是对于家庭成员、家庭现有情况、家庭理财目标的分析，至于家庭的理财方案、理财预期效果分析、理财规划总结等需要根据家庭的实际来制定，在下一节我们将以案例的形式进行说明。

3.3.2　一个实例让你看到理财计划书的重要性

　　理财计划书的制定，需要实际及有效，一定要从自身的实际情况着手，不能盲目，下面我们简单以案例说明如下。

　　欧先生在一家外企上班，妻子在一家公司做文职工作，两人的工作都比较稳定，但是收入不算太高，而且涨幅空间也不大，但他们结婚较早，最近他和妻子商量着要个宝宝，于是打算对财务进行重新规划，他们制订的相应的家庭理财计划书如表 3-6~ 表 3-8 所示。

表 3-6　家庭基本情况

家庭主要成员表		
家庭成员	年龄	职业
欧先生	28	外企职工
妻子	24	文员

表 3-7　家庭资产负债情况（单位：元）

家庭资产				家庭负债		
项目	名称	金额	占资产比例	名称	金额	占负债比例
流动资产	现金及活期储蓄	10 000		房屋贷款	500 000	
	定期存款	40 000		汽车贷款（余额）		
	投资			保费	100 000	
固定资产	房地产（自用）	800 000				
资产总计		850 000		负债总计	600 000	

表 3-8　每月收支情况（单位：元）

家庭资产				家庭负债		
项目	名称	金额	占资产比例	名称	金额	占负债比例
收入	本人收入	6 000		房贷	2 800	
	配偶收入	4 000		基本生活开销	3 000	
	其他收入			其他支出	2 000	
收入总计		10 000		支出总计	7 800	

表 3-9　年度收支情况（单位：元）

	家庭资产		家庭负债	
项目	名称	金额	名称	金额
收入	年终奖金	30 000	保费	3 000
	存款、债券利息		产险	
	股息、股利		其他大额支出	30 000
收入总计		30 000	支出总计	33 000

表 3-10　家庭理财目标分析

	家庭理财目标			
序号	项目	时间	内容	目标资金需求
短期目标	储蓄计划	1 年	定期	50 000
	保障计划	10 年	保险	10 000
中期目标	购房计划		还款	
	孩子教育基金	5 年	教育基金	100 000
长期目标	养老金	20 年	养老	2 000 000
	退休时无负债			
合计				2 160 000

通过如上表格所示的欧先生家庭的收支比例，我们可通过几个财务比率来分析，资产负债率＝总负债÷总资产＝600 000÷850 000＝70.59%，它表明了家庭的还债能力的高低，一般以50%左右最好，负债率越低，表明债务压力越小，也不容易出现财务危机。

结余比率＝每月结余÷每月收入＝（10 000-7 800）÷10 000＝22%，一般最好在40%以上，说明储蓄能力较好，如果低于40%，说明家庭的储蓄能力较弱，应适当地进行调整。

债务偿还率 = 月还贷额 ÷ 月收入 =2 800 ÷ 10 000=28%，一般认为债务偿还率低于 50% 比较安全，而欧先生在 28%，说明房贷并没有给家庭生活带来严重影响。

流动性比率 = 流动资产 ÷ 每月支出 =50 000 ÷ 7 800=6.41，一般流动性比率的理想值在 3~6 之间，而欧先生家的流动资产比率在 6.41，说明至少能维持家庭 6~7 个月的开销，能够应付突发事件的发生。但是由于欧先生和妻子的收入都比较稳定，建议流动资产的比例可以适当降低，从而用于其他的投资。

保费支出比例 = 保费 ÷ 家庭年收入 =3 000 ÷ 150 000=2%，对于家庭来说一般建议年度保险费支出占投保人年收入总额的 10% 至 20%。而欧先生的家庭，年保费支出只占收入的 2%，家庭可能未能获得足够的保障。建议给自己考虑一份重疾险，毕竟是家庭的顶梁柱，保障自己才能保住整个家庭。

通过如上欧先生的例子，说明他的家庭的财务情况和家庭的收支情况都比较稳定，而且因为年轻，还没有孩子，没有父母赡养压力，家庭的债务负担较轻。但欧先生的家庭资产结构比较单一，而且用于活期和定期的储蓄比例较高，整个家庭的理财计划比较保守，在一定的程度上会给家庭收益的增收带来影响。而且，从家庭的保费支出上看，对于家庭的保障不足，特别是对于作为顶梁柱的欧先生。

3.4
投资是理财的一个重要组成部分

理财不等于投资，但是投资是理财的一部分，就好像你女朋友并不等于你妻子，但是你妻子是你女朋友中的一个一样。当我们进行个人或者家庭理财时，是一定会用到投资手段的，那么如何用呢？

3.4.1 依资金量合理投资

所有理财的前提是你手里有多少余额可用，所以理财的前提是要清楚你可动用的资金量。那么，你的储蓄中哪些可以动，哪些需要稳住是需要思考的。

在清理之前，我们先来学习几个常用的财务名词，具体如图 3-6 所示。

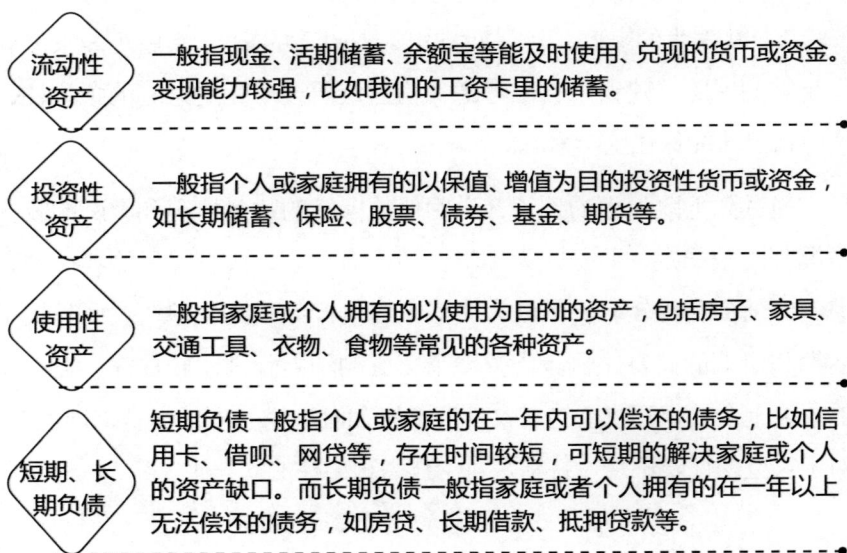

流动性资产	一般指现金、活期储蓄、余额宝等能及时使用、兑现的货币或资金。变现能力较强，比如我们的工资卡里的储蓄。
投资性资产	一般指个人或家庭拥有的以保值、增值为目的投资性货币或资金，如长期储蓄、保险、股票、债券、基金、期货等。
使用性资产	一般指家庭或个人拥有的以使用为目的的资产，包括房子、家具、交通工具、衣物、食物等常见的各种资产。
短期、长期负债	短期负债一般指个人或家庭的在一年内可以偿还的债务，比如信用卡、借呗、网贷等，存在时间较短，可短期的解决家庭或个人的资产缺口。而长期负债一般指家庭或者个人拥有的在一年以上无法偿还的债务，如房贷、长期借款、抵押贷款等。

图 3-6

有公式表明，个人净资产 = 个人资产总值 − 个人负债总值 = 流动性资产 + 投资性资产 + 使用性资产 − 短期负债 − 长期负债。而我们可以动用的资金就存在于净资产。合理安排其中一部分资金进行投资。

3.4.2 盘活资产，让死钱变成活钱

我们常常听说门店行业的盘点，同样我们家庭或者个人的资产同样需要盘点，不仅需要盘点还需要盘活，盘活就意味着我们需要对于家庭资产的结构进行全面分析，达到资产运作的最优化，从而使个人盈余资产变成能够安全增值的"活资产"，那么我们该如何去盘活资产呢？

这就需要了解我们理财的 3 个境界，即财务安全、资产增值、财务自由等，而要达到这 3 个境界，相应还需要做到近期消费行为与远期生活目标匹配、风险与收益匹配、资产状况与生活目标匹配。

首先，我们从财务安全做起，要做到财务安全，那么我们就需要根据家庭的实际收入控制消费，实现近期消费和远期生活目标相匹配，要实现两者的平衡可以采取哪些措施呢？如图 3-7 所示。

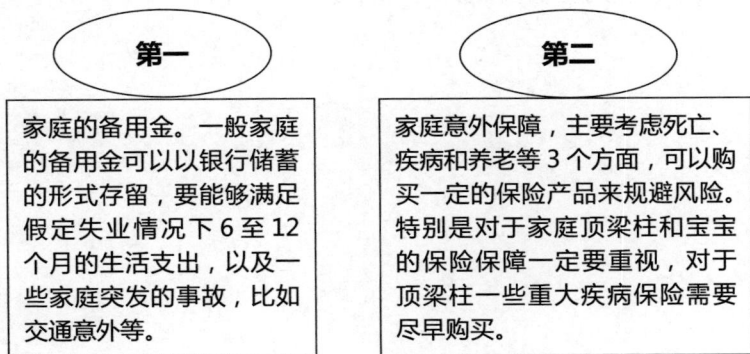

第一	第二
家庭的备用金。一般家庭的备用金可以以银行储蓄的形式存留，要能够满足假定失业情况下 6 至 12 个月的生活支出，以及一些家庭突发的事故，比如交通意外等。	家庭意外保障，主要考虑死亡、疾病和养老等 3 个方面，可以购买一定的保险产品来规避风险。特别是对于家庭顶梁柱和宝宝的保险保障一定要重视，对于顶梁柱一些重大疾病保险需要尽早购买。

图 3-7

家庭的财务安全，重点在于考虑一些意外事故来临时，不会给家庭带来巨大的经济压力，从而危及财务安全。

其次，在使家庭的财务安全以后，如果余额充裕，那么接下来便是实现家庭的财务增值了，即理财的第二个阶段。

一般家庭能否实现财务增值要从家庭婚姻情况、家庭供养人口、家庭收入、家庭支出、投资倾向、风险偏好等方面综合考虑，那么该如何去做呢？一般可以从 3 方面着手，如图 3-8 所示。

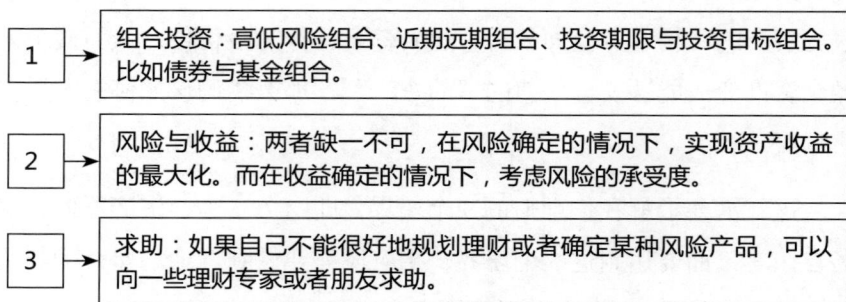

1	组合投资：高低风险组合、近期远期组合、投资期限与投资目标组合。比如债券与基金组合。
2	风险与收益：两者缺一不可，在风险确定的情况下，实现资产收益的最大化。而在收益确定的情况下，考虑风险的承受度。
3	求助：如果自己不能很好地规划理财或者确定某种风险产品，可以向一些理财专家或者朋友求助。

图 3-8

最后，当我们的财富增值到一定的阶段，接下来就是实现财务自由的时刻了，根据自己的财务状况选择理想生活，这需要我们调整自己的心态以及要对增值投资后剩余的资产巧做安排。

第**4**章

工薪一族的理财经

作为工薪一族，我们大多都从身无分文开始，是 1 万元存款还是 10 万元存款都靠自己一点一点积攒或投资而来，作为收入单一的工薪族，我们该如何去理财？

我们每个月的工资怎么花才算合理？要不要用个记账小程序？年中大促销，双 11 来了怎么办？负债了行不行？租房还是买房？什么时候结婚？养老计划怎么规划？

这些都是工薪族要面对的问题，怎么解决？当然是钱，钱从哪里来？除了开源节流、最重要的还是理财。

4.1
月光族的理财宝

月光月光，吃光喝光，身体健康。月光族大多都是年轻人，在"90后"和"00后"里体现较多，他们喜欢超前消费，追逐时尚，他们都是有知识、有头脑、有能力的工薪一族，他们并不是挣得少，有些反而是高收入，那么他们为什么会每月都会月光呢？这主要还是因为他们在生活方式上受西方及时享乐的价值观影响，崇尚超前消费，这与中华民族勤俭节约的传统美德相背离。怎么才能不月光呢？首先要改变消费习惯，不铺张浪费，勤俭持家；在此基础上再掌握一定的理财方式即可。

4.1.1 每月工资该如何分配

对于月光族来说，每月的工资一部分用来还债，如房贷、车贷、花呗等，另外一部分用来消费，那么各自分配多少比例才适合呢？一般在理财界存在一个"4321"法则，即家庭收入较理想的分配方式是：将总收入分成4份，40%用于供房及其他项目的投资，30%用于家庭生活开支，20%用于存款，作为基本保障和应急金，10%用于保险。简单举例说明如下。

唐某从毕业开始就在同一家公司工作，工作已经有5年，每月收入1万元左右，每月生活开支2 000元，房贷3 000元左右，其中投资股票5万元左右，唐某也是典型的月光族，除了房贷这些，其他的花费基本不知道是花去哪里了。

如果将4321原则用到唐某的家庭里，那么每月收入4等分，分别为4 000、3 000、2 000、1 000元，其中4 000元可以用来供房和投资；3 000元用作生活开支；2 000元用于存款和应急，其中应急的金额应为3~6个月的生活费加房贷，15 000~30 000元，单独提取；剩余的1 000元用来购买保险。如果唐某根据此比例，就需要在应急和保险上进行规划，一般保费支出应该在家庭年收入的10%。

当然如果家庭投资不按照该原则，也可以进行账户的分配，将每月的工资账户细化为5个账户，具体如图4-1所示。

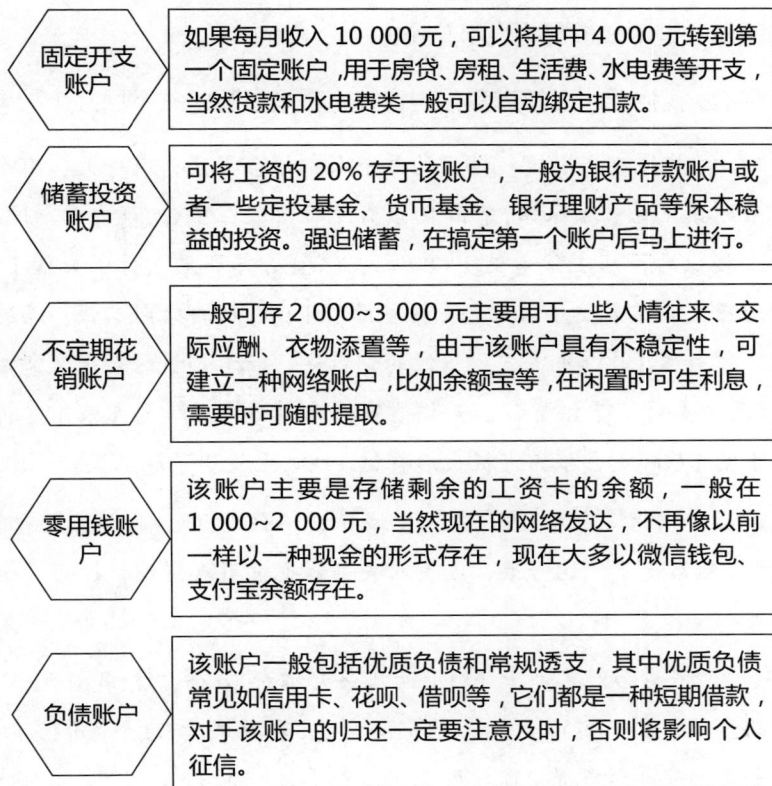

固定开支账户	如果每月收入10 000元，可以将其中4 000元转到第一个固定账户，用于房贷、房租、生活费、水电费等开支，当然贷款和水电费类一般可以自动绑定扣款。
储蓄投资账户	可将工资的20%存于该账户，一般为银行存款账户或者一些定投基金、货币基金、银行理财产品等保本稳益的投资。强迫储蓄，在搞定第一个账户后马上进行。
不定期花销账户	一般可存2 000~3 000元主要用于一些人情往来、交际应酬、衣物添置等，由于该账户具有不稳定性，可建立一种网络账户，比如余额宝等，在闲置时可生利息，需要时可随时提取。
零用钱账户	该账户主要是存储剩余的工资卡的余额，一般在1 000~2 000元，当然现在的网络发达，不再像以前一样以一种现金的形式存在，现在大多以微信钱包、支付宝余额存在。
负债账户	该账户一般包括优质负债和常规透支，其中优质负债常见如信用卡、花呗、借呗等，它们都是一种短期借款，对于该账户的归还一定要注意及时，否则将影响个人征信。

图 4-1

通过理财实现一夜暴富是不可能的，但是实现财产增值却是可能的，再退一步，不实现财产增值，只要能守住固有的财富也是一种进步。对于月光族来说，到底该怎么做呢？这就需要从个人的实际出发，开源节流并制定适合自己家庭的理财经。

4.1.2 了解自己的钱都去哪儿了

你有没有发现月中的时候才发工资，到月底的时候，工资卡已经快刷没了。你回想了一下，有些花费能想起来，有些却想不起来，更多的时候，是不知道那些钱都花哪去了。

那么，我们要不要知道我们的钱都花哪里了呢？看下面几个故事。

例1：曾经有个小镇，镇里的每个人都债台累累，有一天，有个外地客来到镇里的一家旅馆，拿出10张百元钞票放在柜台，说要开一间房，在他上楼以后，店主拿着这1 000元去隔壁屠夫那里支付了欠款1 000元，而屠夫又拿着这1 000元去隔壁付了1 000元的猪肉本钱，而猪肉主人又拿着这1 000元去支付了他的饲料钱，而卖饲料的老板又拿着这1 000元去支付了某供货商，而供货商又拿着这1 000元去旅馆支付了他欠下的1 000元，旅馆老板最后将这1 000元放到了原位置。

最后外来客下楼来说要去隔壁城镇，不住店了，他找店主拿回1 000元，然后走了，这一天，没有人失去钱也没有人得到钱，可是全镇的债务都全清了。

例2：张某和刘某都卖烧饼，两人每天都卖50个，烧饼10元一个，每天的产值就是1 000元，后来他们两商量，相互买卖50个，价格不变，那么每天的交易量就是2 000元。

如果两人买卖的烧饼的价格提高为20元，两人每天合计的交易量为 2 000 + 2 000=4 000 元，如果市场烧饼价格为 15 元，而人们听说有的地方卖 20 元一个，于是一部分人会赶快购买囤货。

如果此时烧饼供不应求，那么消费者就会购买未来烧饼，张某和刘某就只能一方面增加烧饼，一方面卖未来烧饼，如果他们懂一些经济学的话还会发行烧饼债券，消费者可以通过现金购买，也可以抵押贷款购买。

如果有一天，烧饼消费者们发现家里囤积的烧饼太多，也卖不出手，此时银行贷款也还不上了，于是选择违约，同事纷纷抛售手里烧饼，此时烧饼的价格就将暴跌，此时如果烧饼没有人来接手，那么只有银行来收走这些烧饼，同时保险公司承担部分赔偿，而银行将出现大范围的坏账。如果不能很好解决，就将出现次贷危机。

通过上面的故事案例说明，资产与负债共生，现金是需要流通的，而股市、楼市、债券里的高暴利都是高风险，而且羊毛还是出在羊身上。我们的钱都去哪了呢？就是通过各种方式回归到了市场，同时更是为股市、楼市买单了。甚至很多时候我们看起来赚了，不过是羊毛出在羊身上。

4.1.3 赚该赚的钱，剁该剁的手

钱不是万能的，但没钱是万万不能的，所以要赚该赚的钱，剁该剁的手。在当今社会流行一种"剁手族"，"剁手族"是指网上购物，不知不觉间花费大量金钱，回头一看账单懊恼不已，自嘲要剁手的人群，他们通常是混迹职场的白领一族。

根据相关统计，每晚 23:00 点后出没的购物夜淘族最多，而所谓的剁手族准入门槛其实比想象中的要高很多，一般认为年购物额度没有 5

万元，每月消费不超过 10 次，你都不好意思喊剁手了。

淘宝根据消费人群，可以将用户分为夜淘族、剁手族、囤货族、逛逛族、收藏族、吃货族、旅行族、拾惠族等不同族群，但我们常见的剁手族则可以分为四大类，具体如图 4-2 所示。

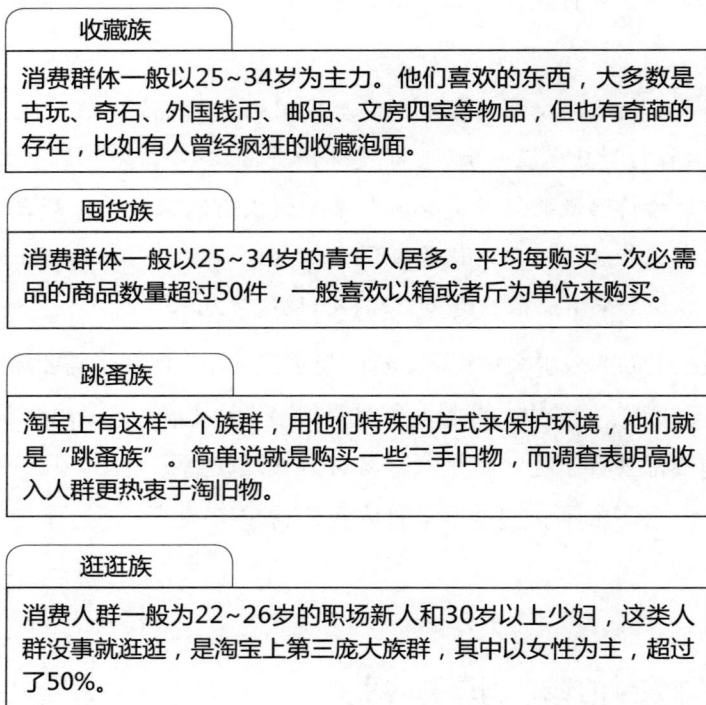

收藏族

消费群体一般以25~34岁为主力。他们喜欢的东西，大多数是古玩、奇石、外国钱币、邮品、文房四宝等物品，但也有奇葩的存在，比如有人曾经疯狂的收藏泡面。

囤货族

消费群体一般以25~34岁的青年人居多。平均每购买一次必需品的商品数量超过50件，一般喜欢以箱或者斤为单位来购买。

跳蚤族

淘宝上有这样一个族群，用他们特殊的方式来保护环境，他们就是"跳蚤族"。简单说就是购买一些二手旧物，而调查表明高收入人群更热衷于淘旧物。

逛逛族

消费人群一般为22~26岁的职场新人和30岁以上少妇，这类人群没事就逛逛，是淘宝上第三庞大族群，其中以女性为主，超过了50%。

图 4-2

你是不是剁手族的一员呢？每年双 11 后，花呗的钱是不是又欠下一大笔呢？我们不仅要理财，更要控制消费，绝不轻易成为剁手族的一员，即使成为其中一员也要合理控制，不可出现大量的负债。那么作为剁手族该如何去做呢？简单举例如下。

例 1：赵某这天趁着周末休息的时候，到银行去购买了 5 万元的理财产品，期限是 6 个月，预期年化收益率在 5% 左右，这几乎是她工作 5 年来所有的积蓄，身边只留下了 1 万元急用。

赵某之所以将所有的积蓄购买了理财产品，是因为去年在双 11 的时候，她刷爆了 5 万元的信用卡，买了一大堆的化妆品、面膜、衣服、包包，血拼上瘾，喜欢淘淘淘，所以趁着双 11 来临前，她将所有的积蓄用于购买理财产品，并且 6 个月的时间正好避开双 11。而且 6 个月下来还可以得到 1 250 元的收益，关键的是可以帮她控制双 11 的购物瘾，强制戒掉疯狂消费。

例 2：宋某是最早开始使用余额宝的一族，他喜欢将余额放入余额宝里边，而他每天打开支付宝的第一件事不是支付，而是看看今天的收益是多少。当双 11 的时候，看见同事兄弟们都在扫货，他很淡定，选中的东西支付前都会反复考虑，觉得如果支付了，那么余额宝中的收益将少一分，他就会思考购买的东西是否是现在必须要购买的，如果短期内并不是必要的，而且现在的优惠力度并不比收益高，那么他就会放弃购买，让钱就在余额宝账户里产生收益。

例 3：李妈妈作为一位准妈妈，自从离职在家带孩子后，就喜欢在淘宝上大肆购买，特别是给宝宝购买的东西，比如奶粉、尿不湿、服装、玩具、生活用品等一样都没有落下，全部提前装进了购物车，为了第一时间抢到货，在 11 月 11 日零点，她直接合并付款，统统拍下，系统提示没货的，比如服装，她马上买大一号替代。

而购买的结果是信用卡刷爆了，而且很多买大的衣服、鞋子不仅仅大一号，本来是两岁的宝宝，而买到的东西可能适合四五岁的宝宝，想转给同事，但同事们也大多处于囤货状态，于是在朋友的建议下，她考虑向卖家退货，于是在协商下，李妈妈省下来几千元。

上面 3 个例子说明，要避免成为剁手一族就需要转移目标，比如将购物的欲望强制转移，没有钱，总不能买了吧。还有就是与理财同时进行，一边理财，一边消费，两两对比，取其重。最后，过度消费后，可以想办法弥补，比如对家庭无用的可以商量是否能退货或者再出手，当然更建议在购买前考虑妥当。

4.1.4 淘来淘去淘优惠

淘宝网是亚太地区较大的网络零售、商圈，由阿里巴巴集团在2003年5月创立。作为手机党们，对于淘宝可是很熟悉的，根据统计，2017年双十一全网销售额达2 539.7亿元，同比增长43.5%，总包裹数达到13.8亿个，同比增长29%，按销售额除以总包裹数计算客单价为184元，相比于2016年的165元提升11.2%，如图4-3所示为淘宝网首页。

图 4-3

淘宝网上可以购买的东西很多，几乎包括了衣食住行方方面面，我们常用到，能想到，不能想到的都有，而且价格相比于实体店和商场，肯定是更优惠的，关键是能看到用户的购买评价，我们可以据此来决定是否购买。

淘宝相对于其他的网购平台是最优惠的，即使同一款产品，如图4-4所示。同一款产品，同一个作者，同是正版，在京东和天猫上，售价都是有差别的，买一两本可能不会有差距，但是如果购买的多了，差距就出来了，相对的在淘宝、天猫上就更优惠。

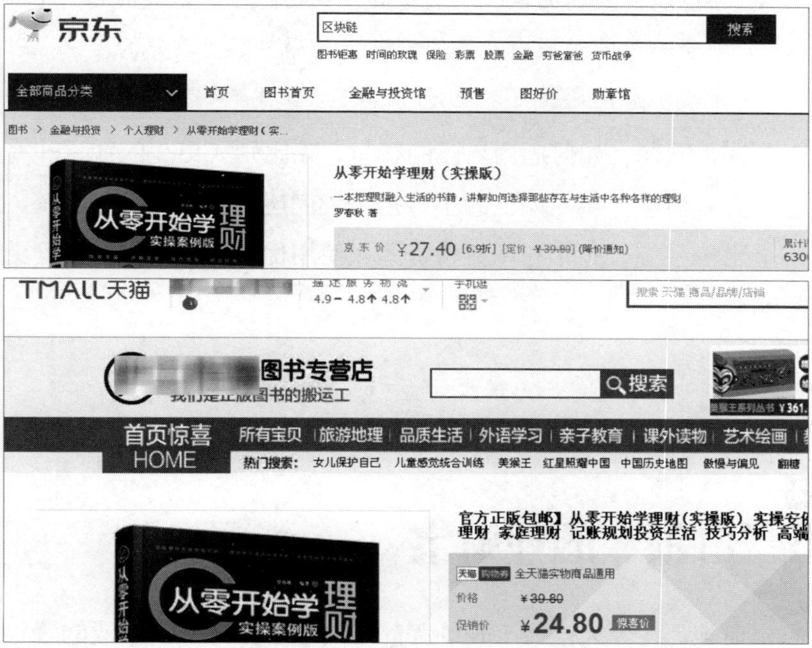

图 4-4

我们都知道上淘宝有优惠，那么淘宝购物时如何做到物美价廉呢？4 个小妙招来帮忙。

◆ **多看**：当你看中一件商品时，先不要确定购买，多看看不同店铺，从价格、评价等方面去考虑。当然了，超出正常价位的低价可以不考虑，太低可能存在质量问题。

◆ **选正品**：和客服聊天的时候，可以询问是否是正品而非一些水货，如果是水货的话就拒绝签收，当然如果你根本不打算买正品的话就可以跳过。

◆ **讲价**：别以为店家打着最优惠的价格就不可以讲价了，很多是可以和店家讲价的，但最后如果店家不议价了那就不勉强了，看看能不能在送的礼品上选择自己想要的。

◆ **挑服务**：网购的话，一般售后服务我们还是要看重的，在讲价或者聊天的过程中，我们可以选择那些态度较好的店家，以便出现售后问题时可以更好地解决，当然需要参考评价。

同样是网购，如何运用自己的智慧，花比别人更少的钱，却将生活过得更有情趣。除了如上的小妙招，我们还可以通过团购秒杀、使用网上比价系统、充分利用免费资源、使用优惠券等，实现更好更优惠的购物。

4.2 小"白领"的理财宝

小白领，在今天已经不是纯粹的小白领了，对于刚毕业的青年或者积蓄不多的青年，有了另外一个含义：很多人在交了房租、水电煤气费、生活费等后，发现自己的工资真的"白领"了，那么作为这些小"白领"该如何去理财呢？

4.2.1 理财从首薪开始

每年的 7 月，大学生们也开始毕业了，走上不同的工作岗位，在 8 月就会迎来首薪，那么对于这首薪该如何使用呢？看下面一个例子。

唐某毕业后就在一家公司开始实习，在 8 月份的时候，唐某领到了第一笔工资 3 000 元，他将工资分为了 3 部分，其中 1 000 元用来交房租，1 500 元用来做生活费，剩下的用来做预备，如朋友结婚、吃饭、送礼等，但这样，他每个月就真的是"白领"了。

如唐某一般的毕业生，大都存在他这样的情况，毕业就意味着失业，每个月的工资还不够花。从首薪开始，可能就是白领负债的开始，生活不易，住在小公寓里，时刻担心房租到期。上下班挤成肉饼坐地铁公交去上班，同事陌生、公司陌生，但是也不得不逼自己快速成长起来，渐渐压力山大，所以对于很多年轻人来说，才毕业工作的时候，能养活自己，不啃老已经很不错了，更别说理财。

那么，是不是真的首薪就不能理财了呢？答案是否。

陈某学的是计算机，毕业后在一家公司实习，同样的，陈某在 8 月份拿到了首薪，他将工资分为 3 部分，房租、生活和投资，其中房租一个月 1 200 元，水、电、生活费等一个月 1 500 元，剩余的 800 元打算用来定投基金，不过最后在堂哥的开导下，借贷了 5 000 元，作为首笔投资基金，等到他的投资盈利后就请堂哥吃饭，而且这些钱分期还给堂哥，分了 12 个月，他打算用借来的钱投资股市，因为他看到这些年堂哥在股市里风生水起，于是打算借鉴。

表哥问他是不是：明知山有虎，偏向虎山行，他对于股票知识一窍不通，他告诉表哥，他可以强制自己去学，慢慢养成理财的习惯。

对于职场新小"白领"们，刚入职场，就拿那么一点薪水，而且也喜欢呼朋唤友，今天下馆子，明天 KTV，这样挥霍消费肯定不行，再加上不记账，不知不觉中钱很快就花光了。所以对于首薪除了花掉或者理财，我们还需要进行简单的记账，不然你的首薪很快就花光了，即使其中的一部分开始理财了，当出现意外事故的时候还是要被用掉。

4.2.2 用余钱做中长期投资，以钱生钱

理财是个长期的过程，即使你投资股市，也需要有理财的周期，当我们有了一定的余钱之后，我们就会攒钱。当达到一定的金额，我们就可以选择适合的理财产品，让我们从此不再只是靠着月薪过日子。

文某今年24岁，毕业后一直从事人事方面的工作，年收入5万左右，他每月开支约3 000元，现有积蓄2万元，他将所有的积蓄用于投资理财，打算两年内购买一辆3万~5万元的车代步，同时和女朋友商量着明年结婚，他到底能不能实现预期目标呢？

作为如文某一般的刚毕业不久的年轻人，收入不高，积蓄较少，同时花费在渐渐增大，而且还考虑明年结婚，更是不小的负担。但是他作为职场新人，投资经验较少，如果投资如定投、储蓄之类，两年内收益较少，何况还打算明年结婚，所以他比较适合一些高收益的投资，比如股票。当然，高收益就伴随着高风险，选择股票就意味着要承受血本无归的结局，所以还是要根据风险偏好来选择。

对于毕业不久或者积蓄较少的理财者，一般建议几点，如图4-5所示。

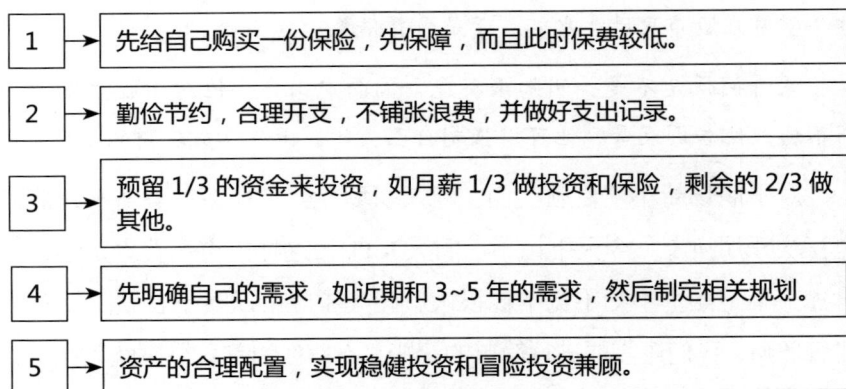

1	先给自己购买一份保险，先保障，而且此时保费较低。
2	勤俭节约，合理开支，不铺张浪费，并做好支出记录。
3	预留1/3的资金来投资，如月薪1/3做投资和保险，剩余的2/3做其他。
4	先明确自己的需求，如近期和3~5年的需求，然后制定相关规划。
5	资产的合理配置，实现稳健投资和冒险投资兼顾。

图 4-5

除此之外，一般我们还建议，一定要善于利用福利，赚取第一桶金子，从而为以后的理财打下基础。

4.2.3 负债不可怕，把他人的钱变成自己的

负债可怕吗？在当今什么都可以超前消费的时代，为我们买单的是花呗和信用卡，这也是一种负债，因为需要到期偿还，只是一种暂时的资金周转，那么这些负债好不好呢？

如同人一般，一般来说，负债可以分为两种，即好的负债和坏的负债，怎么去理解呢？好的负债需要满足以下两大条件。

第一，借来的债务适用于一种生产经营活动，对于个人来说就是具有价值回报的投资理财。第二，成本可控，且借款的成本要低于经营利润或者低于个人投资理财收益。

对于这两大条件的理解，请看下面一个例子。

胡某从公司离职后，和朋友一起开了一家花店，在进货时出现资金周转问题，于是需要 5 万元做周转，而这笔款项是向某小贷公司借款而来，到期需要偿还利息 3 000 元，但是这笔借款能带来的利润却低于 3 000 元，那么对于胡某来说，这笔负债就不是好的负债。

但是好的负债也不一定适合每个人，它需要满足一定的负债率，无论是家庭还是个人的负债率都要适合才行。看下面的例子。

张某毕业后就在一家单位工作，已经工作 4 年，每月薪资 5 000 元左右，他的房贷月供为 2 800 元，信用卡月账单 1 200 元，根据公式计算，张某的个人负债率 =（2 800+1 200）/5 000 × 100%=80%。

在上述案例中，我们利用了个人负债率的公式计算相应的个人负债率，个人负债率 = 负债总额 / 收入总额 ×100%，其中我们需要注意

的是，信用卡账单、分期付款、贷款、月还款等都属于负债。一般来说，个人负债率大于 50%，贷款机构就会认为你风险很大；超过 70%，基本无法申请贷款。

个人或者家庭的负债率多少合适，一般不同的家庭有不同的标准，如年轻家庭负债可以多一些，而年龄稍高的人可能储蓄会多些。家庭年龄结构、成员结构、资产结构、收入渠道、资产稳定性等都是影响负债率高低的因素。但是对于小"白领"们来说，适当的负债是可以的，比如贷款买房，满足基本的居住需求，只要你具有一定的还款能力，不影响家庭的生活质量，那么负债就是被允许的。而且通过负债我们在一定的程度上可以实现预期的理财目标和家庭生活目标。

所以负债并不可怕，我们可以通过适当的负债，从而实现我们的理财目标，从而把别人的金钱挖到我们的篮子里。

4.2.4 投资自己也是理财的一种途径

我们常听说投资需要有智商和情商，而我们今天要讨论的则是财商投资。

在清华大学出具的《中国人财商认知与行为调查》报告中显示：有62.2%的中国投资人认为世界上存在"利率又高、风险又低的理财产品"，他们既不会合理分配资金，也不会按需调整风险概率。只要开始投资，就是"盲目投入"。所以才会有庞氏骗局以及各种各样的投资骗局。

中国从未像今天这样需要"财商培养"的介入，某理财专家这样说，财商的高低将和我们的理财收益成正比。所以财商需要投资，有没有兴趣来进行一个财商测试呢？

罗某毕业以后就在一家公司做经理助理的职务，并且当初签订的是 3 年的劳动合同，老板承诺，每年给予一定比例的工资涨幅，而今年已经是第三个年头了，但是老板承诺的涨薪计划，却一点没有实现。

最开始的时候因为公司是初创企业，公司效益不好，罗某也不好给老板提起涨薪的事，并且当初老板也承诺，如果公司发展壮大，一定不会亏待老员工。

眼看合同马上就要到期，而老板也由大众换上了奔驰，老板却没有给她提过涨薪的事，并且在一次公司聚会中，她得知公司新招的文员都和她一样的工资。于是她很气愤，想让老板给自己加薪，如果你是小罗，你会如何让老板帮你加薪呢？有 3 个选项可供选择。

①描述 3 年来所取得的成绩，给公司创造的价值，要求老板履行承诺。

②和同事比较，比如公司新来的文员某某竟然和老员工一样多。

③寻找其他理由，比如我正在买房、结婚、生子，压力大需要加薪。

对于不同的选择，简单解析如下。

选择一：最为明智，用来作为和老板谈加薪是最为有效的方式，从事实出发，从公司利益出发，来证明自己的价值。比如你作为一名销售人员，今年你为公司创造了多少利润，甚至拓展了多少疆土，这些都是可以拿数据说话的，从数据上展示给老板看，你是一位具有能力并且努力工作为公司带来价值的人，而老板仅仅从公司的角度就会给你升职加薪。

选择二：一般不妥，与老板谈论加薪时要避免提到别的同事，因为对于公司来说，跨部门或者刺探其他员工的收入都是不被允许的，有的公司甚至签订了保密协议。而且，从老板的角度，容易让他误以为你是出于嫉妒才要求加薪，和你的工作能力无关。

选择三：对于该选择，理由很好，甚至也令人感动，但是压力人人都有，包括老板，所以你不需要告诉老板你需要加薪，你需要告诉他的是，你值得加薪。

选择完以后，感觉你的财商如何？

财商教育，迫在眉睫。它时时刻刻和我们在一起，包括简单地去菜市场买菜。因此，财商教育需要早投资，甚至是在未成年时就可以开始教育投资，它将为我们以后不盲目投资、不盲目消费打下基础。

4.2.5 年轻时就应进行养老规划

曾经有一本书风靡过朋友圈，那便是《30 年后谁养你》，其中有一句话说：如果你的年轻时代已经够辛苦了，那一定不能再有一个同样辛苦的晚年。

我国老年化日益加剧，据统计在 30 年后，每 3 个人里面就有一个老年人，而到时这些需要养老的老年人，正是此时拼搏的年轻人。所以养老规划不应该是在晚年，而是在你年轻的时候就开始。真正需要养老规划的是我们这些年轻人，而不是老去的父母，晚年的幸福生活其实掌握在你自己的手里。

如何制订适合家庭的养老规划？需要考虑很多因素，比如子女、家庭财产状况、应急规划、身体是否康健、亲朋好友等，如何合理的去规划这些因素，从而实现我们最终的养老需求，需要我们在年轻的时候就进行规划。

进行养老规划时，我们一定要跳出一定的误区，如盲目规划、有社保已足够、压力太大暂不考虑。

总之，养老规划建立和实施得越早，达成目标就越轻松，越有效。

不同阶段的家庭理财经

人从出生到死亡会经历婴儿时期、童年时期、少年时期、青年时期、中年时期和老年时期6个阶段。由于前面3个时期，我们没有独立的经济来源，通常也不必承担经济责任。所以，人的一生中，青年时期、中年时期和老年时期就成为理财规划的重要时期。

在这3个时期，又有典型的阶段，如恋爱阶段、新婚夫妻阶段、宝宝降临阶段以及退休养老阶段。对于每个阶段，不同的积蓄，不同的需求，我们的理财方式是不同的，下面来具体看看。

恋爱单身男女钱一家

恋爱时，你们是 AA 制消费，还是男方付账单？你们的钱谁在管？各自分开管理还是其中一方掌握经济大权。谈钱伤感情，但是不谈钱更伤感情。在当今这个快餐年代，恋爱欢喜后应该奔着为结婚的目标而去，而结婚是人生一件大事，更是一件花钱的大事，所以从恋爱开始，你和那个他／她就应该开始理财，攒钱结婚。

5.1.1 营养不浪费地安排饮食

对于上班族情侣来说，由于平时工作原因，时间比较紧凑，谈恋爱的时间少，但是如果遇到周末或者放假一起约会的时间还是比较多。不过由于懒于买菜、洗菜、再炒菜，算来算去，需要花费很多精力和很多时间，为求方便，他们最终会选择最方便的食物：外卖或者下馆子。这样一来，必定会开销一笔很大的费用，而且吃的不一定健康。

因此，建议这些情侣可以在家做饭吃，不仅可以节省开销，而且营养、健康、环保都能得到保证，更能在这个过程中加强双方的了解，促进恋爱关系的发展。一日三餐看似很简单，但是合理安排却是很重要，如何科学饮食，搭配好我们的一日三餐呢？下面具体来看看。

◆ **早餐的营养安排**

一般认为科学的早餐至少是结构均衡的早餐，其中蛋白质、脂肪、碳水化合物的比例在 12:28:60，而其中占了最大比例的是谷类食物。

那么，什么样的早餐才算是标准的早餐呢？需要满足如下的条件。

①能提供能量的食物，主要指一些碳水化合物含量较高的食物。

②能提供蛋白质的食物，如肉类、鸡蛋。

③能提供无机盐和维生素的食物，如各种蔬菜和水果。

④奶类与奶制品、豆制品，且早餐前先喝水、上厕所排毒。

⑤一般来说起床后活动 20~30 分钟，人的食欲最旺盛，吃早餐是最合适。

⑥主食 + 附食搭配，主食最好以蒸、煮的食物为主，副食牛奶或果汁。

一般来说，如果早餐满足前 4 类食物，则营养最为充足，如果食用了其中 3 类，则早餐质量还是比较好的，如果选择两类或者以下，则早餐质量较差。当然还要注意早餐一定要吃主食，不能只喝牛奶，否则会影响人体蛋白质的吸收，所以早餐里必须添加主食。

当然也不能不吃早餐，不吃早餐容易低血糖，人经过一夜的睡眠，体内营养消失，而且血糖浓度处于偏低状态，不吃或少吃早餐，不能及时充分补充血糖浓度，上午就会出现头昏心慌、四肢无力、精神不振等症状，甚至出现低血糖休克，影响正常工作。

◆ 午餐的营养安排

俗话说：午餐要吃饱。这里的饱不再是基本的吃饱，而是指营养搭配要合理，一般建议午餐多吃高蛋白食物，如鱼肉、鸡肉、瘦猪肉、牛肉、羊肉以及水产品和豆制品，同时食物中的优质高蛋白可使血液中的酪氨酸增加，使头脑保持敏锐，增强理解力和记忆力。

同时也要警惕，午餐少吃富含单糖、双糖及淀粉多的米饭、面条、面包和甜点心等食物，因为这些食物容易使人感到疲倦，从而影响下午的工作状态。

◆ 晚餐的营养安排

一般晚餐建议少吃高脂肪、高蛋白质的食物，应以维生素 C 和粗纤维的食物为主，帮助胃消化。给人体补充纤维素和微量元素，防止动脉硬化，改善血液循环，同时可补充一些富含碳水化合物的食物，如面条、面包、米饭和甜食等。

但现在大多上班族，对于早中晚餐都不重视，早餐和午餐已经随意解决了，那么营养补充也重点在晚上，所以晚餐也很重要。晚餐要吃少，少的前提是一般建议七分饱，且早睡。晚餐太饱会加重消化而且不容易入睡，但现在的上班族，一般熬夜情况比较多，所以不能不少吃晚餐还要适当的加点夜宵，否则会影响睡眠质量，而且容易引起胃肠病。

在了解了一日三餐合理安排后，可见要想均衡、科学、有营养地确保一日三餐的质量，每天点外卖肯定会增加不少的花销。因此，对于一般的上班族来说，自己做营养餐带便当是最营养而且划算的。除此之外，在自己动手做饭的过程中，还有不少的省钱妙招，下面具体来看看。

◆ 省钱地买食物

购买食材是一项主要的工作，日积月累后也是一笔不小的支出，下面介绍几个购买食物时省钱的小招数。

①选择最廉价的菜市场。不同的菜市场其商品的售价各有差异，选择离家最近但最廉价的菜市场，可以在每次买菜时都省上不止一两块钱，一年至少有几百块甚至上千的差别。在超市里一些特价蔬菜的

售价往往比菜市场里的便宜，适当的时候也可以在超市买菜。

②在对的时间买最合适的菜。通常，早上 8、9 点左右属于菜市场买菜的高峰期，这时候蔬菜新鲜但价格最贵，适用于买当天中午就吃的新鲜蔬菜；在下午临近收市时却可以在菜农清货时买到价格低廉的菜，适用于买土豆、花菜、白菜等能囤积的菜品；周末或其他节假日应尽量避免购买甲鱼、黄鳝、螃蟹等宴客菜品，此时一般会涨价；超市中临近关门时间通常也会有特价菜出售。

③不要穿着太体面去买菜。工作时候可以穿着体面的职业装，但是买菜的时候最好着家居服，因为菜摊老板其实会看人喊价，去菜市场不要穿得太过体面，扮作精明的家庭主妇模样也能省钱。

④熟客买菜更廉价。选择价格最公道的菜摊，在同一个地点买多样菜，反复多次之后就会被摊主定为"熟客"，刷"面卡"得人情价，偶尔还能找摊主要点免费葱、蒜。

⑤适当囤菜可省钱。在大假之前或天气变恶劣之前适当地囤积蔬果，可在一定程度上省钱，因为节假日和雨雪天菜价都会上涨。

此外，当超市特价打折时，可适当购买菜油、卫生纸、白酒、香料等保质期较长的生活必需品进行囤积，长此以往也很能省钱。牛奶、鸡蛋等食物则选择超市打折时购买最省钱。

◆ 省钱地吃食物

一些青年人周末在家做菜时喜欢摆上丰盛的一大桌美食，犒劳辛苦工作一周的自己，但是由于分量过多吃不完，过一两日后未吃完的剩蔬菜等食物就只能倒掉，这样也很浪费。建议大家采取定时定量做菜的方法，确保当天做的当天吃，不再浪费之后，在无形中会省下不少伙食费。

◆ 省钱地做食物

能自己做的食物坚决不在市场中买，这是许多精明人士奉行的省钱秘诀。例如，有时间的话，包子、馒头等早点自己蒸，健康又便宜；花 300 元买了一台豆浆机，每天自己泡豆子打豆浆，成本只有 1 元；自己买香料做卤菜，价格比市场中便宜接近一半。因此，自己做吃食相比购买或点外卖，日积月累后能省下一大笔开支。

5.1.2 省而不抠地为家人置办衣服

衣、食、住、行是我们日常生活的一部分，合理的安排我们的衣食住行，从而为我们的理财打下基础。那么在衣这一块，我们该如何去省而不抠的为男 / 女朋友或对方家人置办购买呢？

现在网购已经成为一种潮流，连跳广场舞的大妈也知道用淘宝，一般我们网购的途径是京东、淘宝、天猫等平台，下面介绍一些品牌的官网旗舰店供大家参考。

◆ 京东

京东最突出的特点是送货快，质量很多都能保证，但是不包邮，而且不送上楼，价格也相当优惠，如图 5-1 所示。

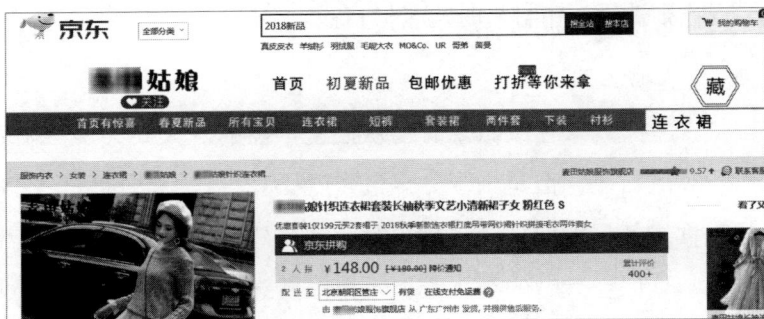

图 5-1

◆ 淘宝

淘宝种类最多，价格也最优惠，但是质量方面参差不齐需要慎重选购。如图 5-2 所示。

图 5-2

◆ 天猫

淘宝和天猫并不分家，一般天猫的质量方面更能保证，就是种类相对少一些，我们可以根据相应的品牌、价格、型号去选择，如图 5-3 所示。

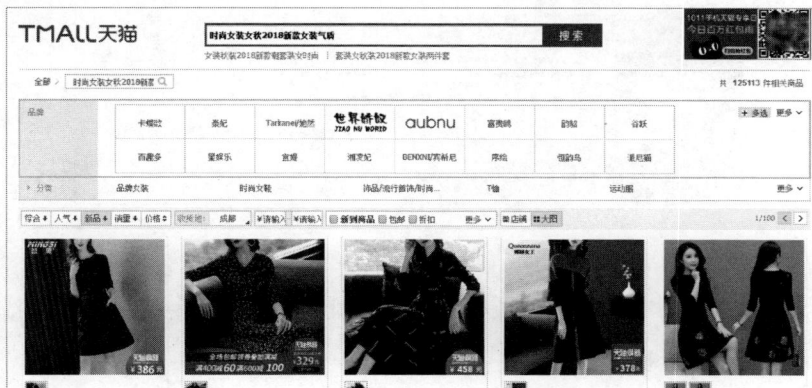

图 5-3

无论在哪个平台，当我们选择了某一款商品后，可以查看相应的商品详情，如图 5-4 所示。

图 5-4

当然最重要的是，我们可以参考他人购买后的评价，特别是晒图的。如图 5-5 所示，对于差评较多的，需要慎重购买。

图 5-5

买的时候，记得一定要以家庭预算为前提，不能买买买停不下来，千万不要成为剁手一族。

5.2
新婚夫妻向钱看

浪漫与爱情从来不矛盾，两个人携手共进，走入婚姻殿堂，或许少了很多浪漫，但却多了很多踏实。作为管家人，作为妻子，往往需要一手玫瑰，一手算盘，两个人，手挽手，大步往"钱"看。

5.2.1 合理地安排你的婚礼

当两人恋爱到一定阶段后就需要给彼此一个承诺，比如婚姻，而走入这道门槛是需要一定的金钱的，比如婚宴、嫁妆、彩礼等。

结婚是人生中的头等大事，不仅伤神还伤财，让很多年轻人都觉得结不起婚，更不知道该如何去安排那些支出。虽然很多年轻人说可以寄托在宴客时收回，但是真的能持平吗？如果不能持平，新生活是幸福的开始还是还债的开始？

一般我们可以从几点着手去省钱省力地安排一场婚礼，简单说明如下。

（1）未雨绸缪，省钱第一

一般来说，如果婚礼的筹备时间越久，所能节省的成本就越多，因为可以有足够的时间去货比三家。如果是同一项目，可以选一家性价比超高的婚庆公司、酒店、婚纱照馆等，办婚礼首先得明确婚礼成本，一般可以分为必要成本和次要成本。

必要成本，一般指结婚前一定要准备的项目，比如婚戒、婚纱、礼服、手捧花、结婚蛋糕等。而次要成本，一般指的是可有可无的成本，有的甚至是可以在婚后准备的，比如蜜月。

其中，在必要成本里，我们分两种形式，必须购买和租借，如图5-6所示。

必须购买 对于那些意味着唯一、承诺、私人化的东西，一般建议直接购买，比如婚戒、婚鞋等，当然还有婚宴和蜜月等，都是很私人化的产品。

租借 对于那些非私人化，或者私人化不明显的，只用一次，而且持续拥有价值不大的东西，如婚礼现场的装饰等，一般建议租借，不仅可以省成本，还可以物尽其用。

图 5-6

一般只要不是很豪华的婚宴，新人最后能从婚礼礼金中收回一些成本，但是切忌铺张浪费，一般越简单越大方的婚礼，支出就会越少。

（2）邀请宾客小技巧

对于如何列出婚礼名单，确定出席的人员是个关键问题。根据出席的人数来安排相应的酒席，从而确定宴席的支出，首先得进行一个大概统计，从而来确定婚宴的数量。

确定婚宴的桌数是一件让人头疼的事，订多了很浪费，订少了又很失礼。一般建议，可以根据你发出的喜帖的80%~85%来确定，比如你发出的喜帖是200张，那么最后到场的客人有160~170人。当然这个数目也不能完全固定，还是要根据你们之间的关系，比如都是老朋友、兄弟、闺密，一般出席率在90%以上，如果是许久不见的同学或者旧同事，一般出席率在 70% 左右，当然最保险的做法是婚礼前一周，打电话确认将会出席的人员名单。

当我们在估算来宾人员时，也可以顺带计算一下可能收回的成本。如果一桌 10 人，礼金为 200~400 元，一共打算邀请 20 桌，那么礼金最终可获得 4 万 ~8 万元的收入，再打个 8 折，那么也将有 3.2 万 ~6.4 万元的收入，作为开销的本金。

同时对于喜宴的菜色这些，一般建议新人早做准备，多参考几家，甚至可选一些有促销方案的酒店。很多酒店一般客宴达到一定的程度，会赠送其他的服务，当然不同的酒店层次不同。对于新人来说，还可以参考一些经济实惠的餐厅，看看其菜色、水平、服务。

除此外，付款方式的选择也具有一定的小窍门，现在可以微信、支付宝、支票支付的，一般就不建议用现金，因为最后这一笔款可以用喜宴收入做周转。此外，如果时间充裕，一般还是建议在淡季结婚，不仅不用和其他新人相撞，而且能得到更多的优惠。

5.2.2 好又省地安家落户

对于新婚夫妻或者打算结婚的上班族来说，买房是一件需要提到日程上的事情，是买房还是租房？如果买房是买二手房还是新楼盘？一个家庭该拿出多少积蓄去买房？要不要买学区房？这些都是我们需要思考的问题。

作为新婚夫妻，买房时，一般可以从如下几个方面去考虑。

（1）如何选区域和时机

对于购买婚房的年轻人来说，一般工作不久，积蓄不多，要买市中心的房子不现实，但是也不能购买交通不便利的区域，这样上下班也不方便，而且人际交往也受影响。

除此外，购买婚房的时机也很重要，一般在首次开盘和楼盘销售尾声的时候最佳，把握好这两个时机，一定能省下不少钱。

（2）新房还是二手房

对于二手房还是新房，各有各的优势，二手房的话，一般配套设施比较完善，可以马上拎包入住，而且交通相对便利。但是，二手房一般价格都有点小贵，特别是城市的西边和南边的房子。而且市内二手房，相对便宜的房子普遍老旧，环境欠佳，相同总价下能买到的房子面积也不大。

而新楼盘，一般在郊区、三环外或者郊县比较多，郊区的新房地理位置偏远，可能交通不便，但胜在户型新、小区环境佳、区域规划好，关键是房价便宜。所以选择二手房还是新房要自己考虑好。

（3）是否考虑学区房

对于新婚夫妻来说，宝宝也是日渐提上日程的计划，那么购买房屋时，学区房就可考虑，但是相对于普通商品住宅而言，学区房具有单价相对较高、升值空间相对较大的特点。好的学区房普遍高出其他房源的20%，所以学区房的价格相对较高的，是否购买，还是根据家庭的收入和负债能力决定。

（4）户型怎么选

新房的户型，根据常住人口匹配，一般可能是父母一起同住，所以可选两室或者三室，厨房和卫生间尽量选择宽敞的。当然如果只是夫妻两人居住，两室最合适，夫妻和将来的宝宝，以及平时的客房。但是也不一定，对于有的家庭，可能还存在小书房。而对于那种丁克家庭，一般建议夫妻选个小户型足以。

（5）选对贷款方式省钱

贷款的方式主要有 3 种，其差异如表 5-1 所示。

表 5-1　不同贷款方式的差异

方式	内容	差异
住房公积金贷款	单位及其在职职工缴存的长期住房储金，用于职工购买、建造、翻建、大修自住住房。拥有住房公积金的职工可以向住房公积金管理中心申请住房公积金贷款，并享受一定的优惠政策	5 年期以上住房公积金贷款最低利率为 2.75%（2018 年 8 月 1 日基准利率），比同期的商业贷款的利率至少低两个百分点，只要符合使用公积金贷款的条件，就应申请公积金的贷款
商业银行贷款	没有公积金存款的个人只能申请商业贷款，商业贷款对贷款申请人有年龄、收入等一些限制，一些银行还会对用作抵押的二手房在房龄以及面积等方面设定条件	5 年期以上商业银行房贷的利率为 4.75%（2018 年 8 月 1 日基准利率），同样贷款金额和还款年限，商业贷款将比住房公积金贷款多出数万元利息
组合贷款	如果公积金贷款的最高限额不能完全满足按揭贷款需要，不足部分只能用商业贷款来弥补，这就是组合贷款	住房公积金贷款与商业银行贷款的结合

通过表格中的内容可发现，住房公积金贷款利率明显少于商业银行贷款，显而易见学会使用住房公积金能使家庭购房时更为省钱，除了上述内容之外，住房公积金贷款还有一些其他优势和注意事项。

◆ **优势**：利率较低；首付金额比例可比商业银行贷款小；房龄与地点类型限制小；贷款年限长；对贷款人年龄无限制。

◆ **注意事项**：公积金贷款在还款时只有最低还款额，不设固定还款额。不能每月按照最低还款额还款，否则未还清贷款会越来越多，末期还款压力将剧增。

理财小贴士

贷款利率并非绝对的数字，根据政策的不同可能产生一定的变化，还款时的利率是按照国家的调控而产生一定起伏。

5.2.3 新房装修的省钱法

新房购买以后，接下来的问题就是新房的装修，那么装修有哪些基本步骤呢？

①房子检验。检验房子，拿到钥匙，一般建议可请周围专业的朋友帮忙鉴定，确保没有问题。

②装修规划。根据自己的生活习惯以及家庭成员对新房的要求，与设计师进行沟通，同时要注意，我们需要对于房间进行一个具体的测量。

③主体拆改。新房装修施工的第一个正式的阶段，一般包括拆墙、铲墙皮、拆暖气设备、换塑钢窗等。

④水电改造。新房全部装修进程中，水电改造检验是很重要的一块。在新房水电改造前，我们需要就预留水口、插座方位等提出自己的要求与主张。再看看设计师设计的水表的方位是否合适以及上水口的方位是否便于今后装置水槽。水路改造完结之后，紧接着需要把清洁间的防水做了。厨房一般不需要做防水，最后，电必定要用专业的仪表仪器来测验，一个也不能少。

⑤木匠、泥工、油漆工改造。这3位一般按照一定的顺序出场，常见的是木匠、泥工(瓦工)、油漆工，且一般存在一定的原则，谁脏谁先上，免得出现重复清洁的现象。

当我们对于装修过程有了一定的了解以后，接下来，我们需要在这些装修过程中，选择一些经济实惠的小妙招，从而节省成本，为我们后来的理财积蓄打下一定的基础。

那么，都有哪些小妙招适合我们呢？有如下8点。

◆ 在选购装修材料时，可以咨询有装修经验的朋友，同时货比三家，如有在装修公司工作的朋友更好，如果没有在商场工作的人可询问和制定方案，从而更经济实惠。

◆ 无论是商场还是装修公司一般都存在一个淡季的说法，所以在淡季的时候去选购材料更实惠。

◆ 一般不建议选择大品牌的装修公司，因为越大的公司装修成本越高，而且很多工作也是找小公司承包的。

◆ 当然也不要随意选择装修公司，避免出现很多售后问题，更要避免出现返工的现象，而且成本也不低。

◆ 对于大厅的瓷砖，一般不建议铺上小块的瓷砖，因为它浪费人工和成本。可选择用大瓷砖代替小瓷砖，不仅省钱省力，装饰效果也更好。

◆ 对于电视墙的装饰建议大家采用壁画或者壁纸，不仅省钱还有美化效果。而沙发背景墙，则可以选择十字绣、小壁画、水晶相框等。

◆ 对于吊顶，一般建议不要太复杂，应以简单大方为主，为了在开灯之后，光源发布均匀，而且保护视力，一般建议可选花瓣、圆形、方形等。

◆ 对于家具，不用买太高档的，比如高档实木的虽好，但难打理，磕坏了也心疼，而且也容易买到假货。

当然我们的装修一般分为硬装和软装两大部分，其中硬装常是指室内装修中固定的、不能移动的装饰物，包括拆墙、吊顶、铺设管线、隔墙、房门、地板、瓷砖、墙面涂料、洁具、厨具、灯具等不能移动的基础设施。

除此之外，为了满足房屋空间结构、布局、功能、美观需要，还会在建筑物表面或者内部添加的一切装饰物如色彩。原则上，硬装部分，都是不可移动的。

而软装是近年来兴起的一个概念，它将家庭的装修变得更加精细化，一般软装是在硬装完成之后，除了室内不能移动的装饰，如地板、顶棚、墙面、门窗等，添加的其他可移动、可更换的装饰，如窗帘、沙发、靠垫、壁挂、地毯、床上用品、灯具等，是对家庭装饰的二次布局与改变。使其更符合家庭居住。

当然，家庭的软硬装有区别，但是两者有时是不可分割、相互配合的，有些硬装可以节省，还有大部分的软装都可以节省。但是在装修时要注意，水电施工、开关插座、洗手间防水等一定不能省。听从设计师和项目经理的建议装修。

5.2.4 购买家电家具省钱法

在新房基本硬装装修完成后，我们就需要考虑开始软装了，软装成果一般可以代表主人的性格以及生活品位，那么该如何进行软装选择呢？特别是我们的家电家具这一块。

一般我们建议，购买家具家电可以分 4 步走，具体如图 5-7 所示。

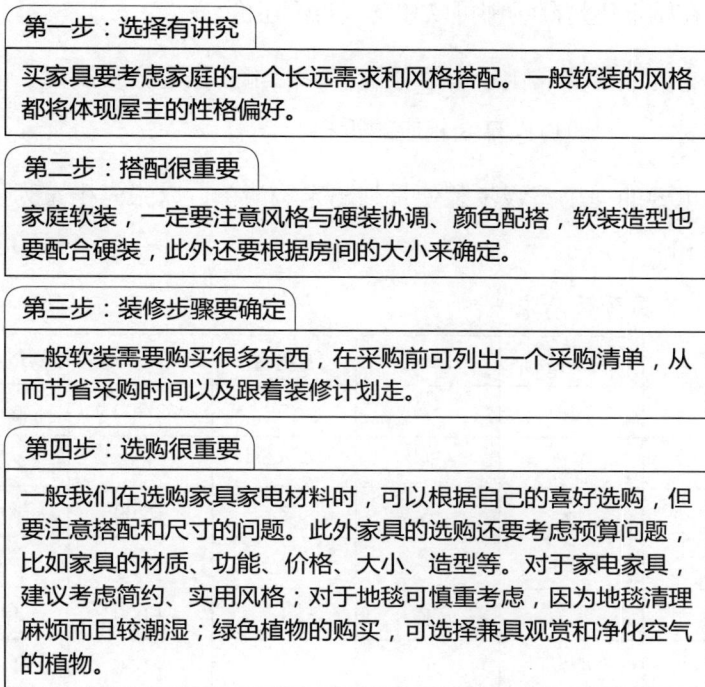

第一步：选择有讲究

买家具要考虑家庭的一个长远需求和风格搭配。一般软装的风格都将体现屋主的性格偏好。

第二步：搭配很重要

家庭软装，一定要注意风格与硬装协调、颜色配搭，软装造型也要配合硬装，此外还要根据房间的大小来确定。

第三步：装修步骤要确定

一般软装需要购买很多东西，在采购前可列出一个采购清单，从而节省采购时间以及跟着装修计划走。

第四步：选购很重要

一般我们在选购家具家电材料时，可以根据自己的喜好选购，但要注意搭配和尺寸的问题。此外家具的选购还要考虑预算问题，比如家具的材质、功能、价格、大小、造型等。对于家电家具，建议考虑简约、实用风格；对于地毯可慎重考虑，因为地毯清理麻烦而且较潮湿；绿色植物的购买，可选择兼具观赏和净化空气的植物。

图 5-7

当我们对于购买家电家具的步骤有一定了解以后，接下来我们就需要对如何省钱有一定的考虑了，有以下 5 点可供参考。

①一般如果是线下的商铺或者各大家居市场，每天都会有一些折扣活动，特别是节假日，活动更多，力度更大，而且还会有赠品。

②如果已经想好自己要购买的家具家电品牌，可以多看几家，货比三家，并且如果不着急还可以等到淡季再购买，性价比高。

③对于手机党们来说，网购也是一种不错的选择，比如上宜家购买，当然还可以看看其他品牌的。

④采购之前，预算很重要，精打细算是根本，充分考虑钱财规划，不管是在网上还是商场都可以和老板讨价还价。

⑤有的家居商家由于各种原因，一般都会推出会员制度，成为会员的前提下，一般可以享受相应的折扣。

很重要的一个省钱步骤便是列出采购清单，以张先生家为例，如表5-2和5-3所示。

表5-2　家具预算清单

序号	项目名称	单位	工程量	单价（元）	总价（元）
1	衣柜	个	3	2 200	6 600
2	床垫	张	3	900	2 700
3	床	张	3	1 200	3 600
4	照片墙	项	1	400	400
5	窗帘	项	1	4 000	4 000
6	沙发	项	1	4 000	4 000
7	茶几	个	1	1 600	1 600
8	电视柜	个	1	1 000	1 000
9	橱柜	米	4	900	3 600
10	餐桌	项	1	4 000	4 000

表5-3　家电预算清单

序号	项目名称	最高预算（元）	平均预算（元）
1	厨房打火灶	1 000	1 001
2	厨房抽油烟机	2 200	2 201
3	洗衣机	2 300	1 500
4	冰箱	3 000	2 500

续表

序号	项目名称	最高预算（元）	平均预算（元）
5	电视机	6 000	4 400
6	热水器	3 300	2 000
7	大房间挂机	2 500	2 100
8	客厅挂机	2 800	2 280
9	全自动晒衣架	2 000	1 700
10	次卧吸顶灯	300	165
11	主卧吸顶灯	300	200
12	餐厅吊顶	300	200
13	客厅吊顶	450	300

当然每个人的房屋面积不一样，需要设置的清单是不一样的，上面表格只是以张先生的三居室为例，仅作参考，具体的预算清单还是要根据自己家的面积以及需求来计算。但是需要遵循的规则是：家具除了去网上或者商场购买还可以选择定制，但是定制的成本也较高，而且样式选择上会有一定的局限性，而对于家电，不能一味地追求大品牌，性价比更重要。

5.2.5 家庭购车省钱技巧

车作为家庭的代步工具，就像人人一部手机一样，家庭用车也在普及化，那么该如何给家庭选择一部爱车呢？是贷款还是全款？如果选择贷款，汽车贷款你又了解多少呢？简单介绍如表 5-4 所示。

表 5-4　汽车贷款常识

序号	项目名称	解释
1	车贷办理方式	主要有银行贷款、信用卡分期、汽车金融公司贷款
2	首付	一般指买车时的第一期付款。央行和银监会明文规定：个人贷款买车首付不得低于车价20%。目前银行要求的首付比例大多在30％以上，汽车金融公司略有宽松。因此，对于一些打"0首付"宣传旗号的车贷方式应多加注意，免得被骗
3	贷款期限	一般要求在5年以下。车贷和房贷不一样，不需要10年以上。目前大部分办理贷款者选择的贷期基本在1~3年之间，贷款时间太短无意义，贷款期限太长利息较高
4	手续费	我们要注意手续费≠利息。一般常见的几种车贷办理方式里，除了信用卡是收手续费，银行和汽车金融公司收取的都是利息。信用卡分期手续费在1~3年内基本在4％~10％之间，但必须一次缴清，如果想提前还款就不大划算。银行的利率在目前央行调息不断的情况下基本是基准利率上浮10％左右。汽车金融公司的利率相对较高，还需结合具体产品决定，不同贷款产品利率不同，如有优惠方案，则可能有低利率或零利率优惠
5	还款方式	常规的还款方式为按月等额本金／本息还款，也就是首付部分款项后，剩下的平摊到每个月归还。但一些汽车金融公司会推出比较灵活多样的还款方案，还贷时可以根据自身情况在某一时期集中归还较大比例的款项
6	尾款	尾款一般指某项费用除了已交付的定金或前期付款而剩余未交的部分。在这里指贷款期结束后需要一次性结清的那一部分款项。等额还款方式中的尾款比例为0，只有在特殊的还款方式中才会产生一定比例的尾款
7	申请条件	无论银行、信用卡还是汽车金融，申请车贷的条件基本都需要满足：年龄在18~60岁之间，具有完全民事行为能力的自然人。申请人必须同时具备良好的还款意愿和足够的还款能力，因此申请时需要提供身份证、户口本、收入证明等材料。除此之外，银行需提供房产抵押或担保，汽车金融公司则要求相对较低
8	车贷流程	确认能够办理车贷的经销商处（或银行、汽车金融公司网站）申请→等待审批结果→审核通过，签订合同→办理抵押登记→按约定还款

除了如上几点我们还需要注意，很多人会使用信用卡进行购车，信用卡对于持卡人的信用额度、使用时长等有较高要求，一定要注意按时还款，避免罚息和被列入黑名单。

当然也有的上班族会选择汽车金融公司进行购车，但是利率比较高，好处在于申请条件低、审批速度快，对于特定的车型有优惠的方案。但是注意一定要选择一家靠谱的公司。

那么到底有没有什么省钱的小窍门呢？当然有，如图 5-8 所示，4个小技巧仅供参考。

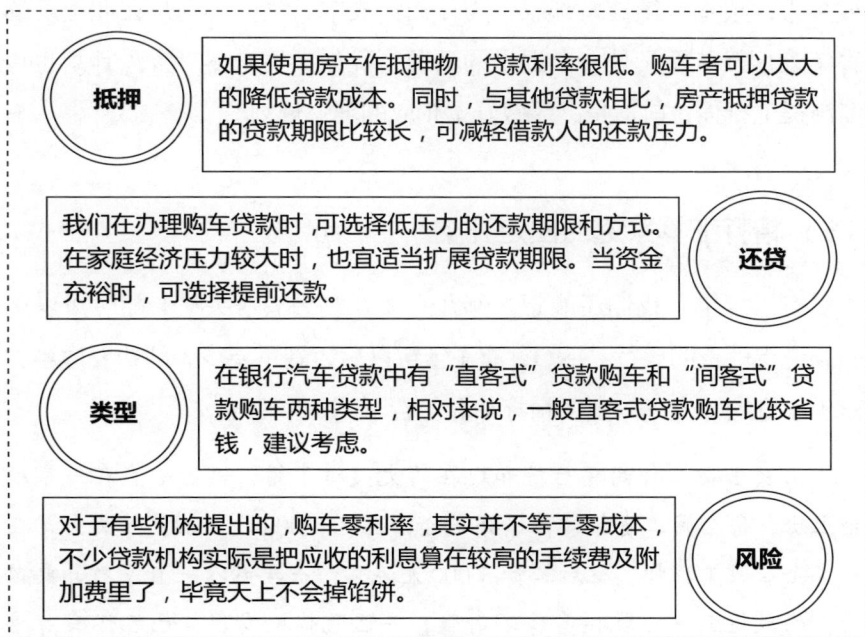

抵押　如果使用房产作抵押物，贷款利率很低。购车者可以大大的降低贷款成本。同时，与其他贷款相比，房产抵押贷款的贷款期限比较长，可减轻借款人的还款压力。

我们在办理购车贷款时，可选择低压力的还款期限和方式。在家庭经济压力较大时，也宜适当扩展贷款期限。当资金充裕时，可选择提前还款。　**还贷**

类型　在银行汽车贷款中有"直客式"贷款购车和"间客式"贷款购车两种类型，相对来说，一般直客式贷款购车比较省钱，建议考虑。

对于有些机构提出的，购车零利率，其实并不等于零成本，不少贷款机构实际是把应收的利息算在较高的手续费及附加费里了，毕竟天上不会掉馅饼。　**风险**

图 5-8

因此，我们在购车时，要注意节省成本，但同时也要注意不要上当受骗。

5.3
宝宝来了怎么办

二胎时代又慢慢来临，但很多家庭觉得连养一胎都困难。有些人甚至说，这并不是一个适合生儿育女的时代，人们慢慢从什么时候要孩子变成要不要孩子了。随着工作压力的加大，生活成本也高，甚至很多人，根本觉得结婚都难，为什么？成本高啊，特别是在北上广的青年人，但结婚又是一个迟早的话题，犹如新婚夫妻，宝贝计划也该渐渐提上日程，前提是已经做好了相应的理财规划。

5.3.1 精打细算家庭的固定开支

有了宝宝，我们还能想去哪儿去哪儿？想买啥买啥？随时可以来一场说走就走的旅行？NO，有了宝宝以后，剁手要少，消费要适当，对于家庭的开支，一定要精打细算。看下面一个例子。

王女士在工作两年后就和现在的丈夫结了婚，婚后一直在一家私企上班，每个月工资扣掉社保公积金，也就 3 000 元左右，而丈夫是在一家企业做工程师，税后工资 5 000 元左右。夫妻两人一直没打算要孩子，而最近王女士觉得身体不舒服，去医院体检发现，已经怀有身孕两个月了。对于突然到来的宝宝，王女士坚持要生下来，接下来他们想到的是该如何养育这个小生命，然后他们算了算目前的家庭积蓄。他们每个月需要还贷 2 500 元左右，生活开销在 3 000 元左右，每个月王女士的化妆品在 1 500 左右，偶尔应酬，看看电影什么的，几乎月月光。卡里只有婚前两人的积蓄总计 2 万元，他们算了算，宝宝出生后，奶粉、纸尿片、玩具等至少要 2 000 元，如果请个保姆至少 4 000 元，如果以他们现在这种消费方式，完全不够。

通过上面的例子说明，如果不能提前理财规划，控制消费，那么对于意外到来的宝宝，一定会给家庭带来巨大的经济压力。

那么该如何进行精打细算呢？一般我们可以建立相应的家庭账户，控制相应的消费，同时也可进行相应的理财规划，一般可实现 1+2 模式，一个账户，两张卡（其中一张为借记卡，一张为贷记卡）。

其中，一个账户主要是指将所有卡里剩余的钱全部取出，然后将大部分都放到一个账户里，用于储蓄或者备急。一张借记卡主要用于家庭琐碎费用的支出，如水电费、煤气费、电话费等。而一张贷记卡主要用于日常消费、刷卡消费换取一些优惠，同时还可以将借记卡和贷记卡相关联，实现定期还款。

作为即将迎接宝宝的准爸爸准妈妈们，控制不必要的开支，同时需要开始做一些理财准备，比如给宝宝建立一个账户，每个月从收入中存入一部分，那么等到宝宝出生也将有一定的储备金了，同时从怀上宝宝到生下宝宝，到底要花多少钱呢？看下面一个简单的例子。

张小姐在一家企业做人事工作，怀孕 6 个月了，原本以为生产前不会花费多少，谁知道某天查看银行卡，才发现已经用了 1 万多元。她自己算了算，主要花费在孕妇检查、孕妇衣服、各种补品、交通费用等，而张女士的衣服最多，比如防辐射的孕妇装，一般在 800~1 000 左右一件，加上平时上下班、检查等的打车费用，一个月交通费就在 500 元左右，加上购买的各种补品，一转眼，1 万多元就没有了。

后来分娩时，她剖腹产住了 5 天医院，花费近 8 000 元，还有对宝宝的护理之类，总之，住院这次，花费又是 1 万多元。

你以为宝宝生下来，开销就停止了吗？错，从宝宝说话开始，请什么样的保姆？喝什么奶粉？买哪种宝宝用品及玩具？等到大一点的智力开发、兴趣班，教育费、培训费等，都离不开金钱的支持。

面对巨大的经济压力，很多家庭只能将养育孩子的时间推后，但是年龄和时间也告诉他们不能再拖，所以提前理财很重要。

5.3.2 宝宝用品节省招数一网打尽

宝宝用品消费少？开玩笑吧，宝宝随便一件衣服也可以抵大人的消费，甚至比大人还花费高。

生下宝宝后，宝宝的奶粉、奶瓶、婴儿衣服、婴儿被、洗澡盆、沐浴液每样都不便宜，特别是宝宝的奶粉，都用进口，而且不同的阶段价格还不一样，关键小宝宝正处于长身体的时候，食量还非常大。

对于一些宝宝用品可以选择在网上购买，比如玩具、推车、洗澡盆等，这些在网上购买比较实惠，但一定要注意选择比较靠谱的平台，比如京东自营。在上面可以看到一些进口产品以及国产品牌，具体买哪一款，根据家庭规划来定，如图 5-9 所示。

图 5-9

除进口品牌外，还有一些国产产品，适合中产家庭，如图 5-10 所示。

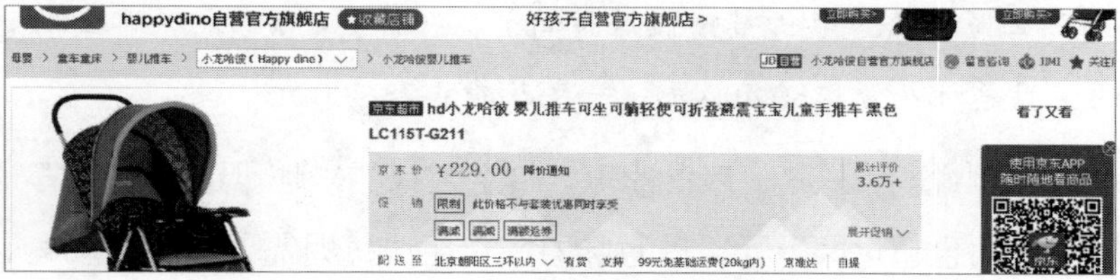

图 5-10

对于宝宝用品除了可以在网上的一些平台购买，还可以在线下的母婴店购买，如宝宝的奶粉、奶瓶这些。宝宝的小衣服，可以在网上购买，但是最好以自己熟悉的品牌为主，当然线下的话可以到一些大型商场现场购买，能够看看衣服面料之类的。

5.3.3 教育是笔很大的开支，要计算清楚

宝宝教育费用贵不贵？多少合适？根据 HSBC 发布的相关全球教育报告统计，在全球，75% 的父母相信孩子会有更好的未来；82% 的父母已经准备好为孩子的成功做出牺牲；父母们平均在孩子教育方面支出 44 221 美元；91% 的父母考虑让孩子接受研究生教育；74% 的父母从日常收入中拿出一部分投资孩子的教育；41% 的父母考虑让孩子出国念大学，尽管他们不知道留学的成本有多高。

所以，父母们可以计算一下，家庭到底需要积累多少教育基金。目前的家庭收入是否能承担？以李女士家庭的教育规划为例。

首先是宝宝的幼儿园费用，考虑到国际班有半天外教，报了国际班，费用是 11 000 元 / 学期，目前已开始上大班，共 4 个学期，至本学期开学，共花费 44 000 元；跆拳道，课后培训班：1 200 元 / 学期，只上了一期，花费 1 200 元；小小主持人班：1 200 元 / 学期，也只上了一期，花费 1 200 元；小提琴单人课程每周一次，每次 100 元，一年按照

40 周计算（扣除过年过节请假等时间），合计：4 000 元。那么李女士家的宝贝总计花费：50 400 元。一年花费：28 400 元。

如上例说明，只是一般的家庭，给宝宝报的兴趣班还较少的情况，一年的费用也超过两万元，就意味着父母至少每月需要存下 2 000 元，作为宝宝的教育费用开销。此外，宝宝就没有其他的开销了吗？看下面一个例子。

张女士家的宝贝，三岁，在家附近上私立幼儿园，每个月需要花费 2 500 元，一年下来就是 3 万元，另外每个月需要奶粉钱 500 元，一年就需要 6 000 元，宝宝商业险 5 000 元左右，每月水果、玩具、零食等 3 000 元。那么一年下来要花费 77 000 元，每月需要花费近 6 417 元。

上述例子说明，一个幼儿宝宝的费用对于家庭来说是很大的一笔开销，以张女士为例，每月需要花费 6 000 元，如果加上房贷、宝宝的兴趣班、家庭生活开销，每月的生活费至少在 1 万元左右，这就要求两人的收入或者收入加上理财所得收益要远远高于 1 万元。

那么，走过幼儿阶段，宝宝开始进入义务教育阶段，义务教育费用主要包括小学 6 年和初中 3 年的费用，学费都不贵，一年就几百块，贵的是择校费，有的甚至高达 10 万~20 万元。还要家长考试、面试，千里挑一，当然在义务教育阶段，各种兴趣班也是一种不小的花费，比如跆拳道、画画、钢琴、艺术、奥数、作文辅导等。这方面的花费会非常昂贵，普通的家庭是无法承受的，即使小学 6 年下来，花费也在几万到几十万不等，如果带孩子利用寒暑假出国游学，这方面的开支就更大了。

对于高中的学费，一般公立高中为 1 000~2 000 元，私立高中则为 5 000~100 000 元，当然一些名校同样存在择校费的问题。此时最主要的花费就在课外辅导班，一般一个补习班都是按小时收费，常见补习班一个小时就要 300 左右，而且初三和高三最贵。根据老师的级别不同价格也会浮动。

高中毕业就是大学了，大学的费用一般根据学校不同存在不同，一般一本类学校学费便宜，因为国家补助多，二本学费中等，三本或者专科最贵，而且他们大多属于民办，营利性比较高。总计约在 3 000~20 000 元 / 年，这也只是学费，现在大学生的平均每个月的消费水平，在 1 000~2 000 元。如果以一个二本院校学生中等学费加中等生活费，一年总计需要花费：23 000 元。4 年总计需要：92 000 元。如果还要攻读三年的研究生，总计需要：161 000 元。

因此，养一个宝宝从幼儿到大学毕业，至少得 50 万元，分担到不同的阶段，都是不小的压力。因此，利用理财为宝宝存下教育金相当重要，一般可以给宝宝建立教育储蓄或者基金定投。

◆ 教育储蓄

教育储蓄一般是零存整取，存期为 1 年、3 年、6 年，最低起存金额为 50 元，存入金额为 50 的倍数，可一次性存入或者按月存入，最高限额为 2 万元。教育储蓄一般免征利息所得税，教育储蓄一般适合家庭工资收入不高，对于流动资金要求较高的家庭，收益保证，而且存取方便，一般只作为小额的教育费用准备金。但是在办理教育储蓄时，需要注意以下几点。

①四年级以上才可储蓄，到期领取时，宝宝已经走过义务教育阶段。

②到期支取时，提供非义务教育的身份证明，可免征利息所得税。

③提前支取时规定必须全额支取。

④逾期支取时，超过原定存期部分按支取日的活期储蓄存款利率计算。

⑤存款方式多样，一般可选择按月固定存入、按月自动供款以及与银行协商。

⑥如果宝宝作为存款人，父母的账户不能提供转账。需要孩子的其他账户。

◆ 基金定投

基金定投一般指在固定的时间，投资人以固定的金额申购某种基金产品，相应的基金公司接受投资人的基金定投申购要求，根据投资人的要求，在固定的期限，从投资人制定的资金账户中划扣固定的申购款项，从而完成基金的购买，类似于银行的零存整取。一般适合风险承受能力较小并具有一定的理财需求的父母，或者刚开始工作的年轻人，很多银行也推出相应的基金定投业务，收益一般在8%~10%之间，能够抵御相应的通货膨胀，为了分散风险，可半年或者一年适当的调整基金持有量，或者分散定投。

5.4
谁来为养老买单

我们的养老靠谁？靠政府？靠儿女？还是爱咋地咋地，等老了再说？是自己买单还是儿女买单？不管是哪一种，都是钱买单，钱哪里来呢？反正不会是天上掉馅饼，必须从年轻时就开始规划。

5.4.1 延迟退休后更要提前规划养老

现在你20岁，可以不结婚，没有家庭的束缚；现在你30岁，你和爱人也可以不要孩子，甚至丁克。但是我们唯一不可抗拒的是岁月，谁都将老去，都有行动不便的一天，我们谁都不能回避养老的话题，有人做过统计，如果退休以后，要达到现在每月的消费水平，如每月 5 000 元，从 30 岁算起，在 60 退休，如果活到 85 岁，那么在退休时，至少要准备 360 多万元。

根据相关的报告建议，从 2018 年开始，女性退休年龄每 3 年延迟 1 岁，男性退休年龄每 6 年延迟 1 岁，直至 2045 年同时达到 65 岁。同时将实现养老金制度并轨，将退休年龄归为两类：职工养老保险领取年龄和居民养老保险领取年龄。而其中只有 3 种人可以申请提前退休，并需要满足一定的条件，简单介绍如图 5-11 所示。

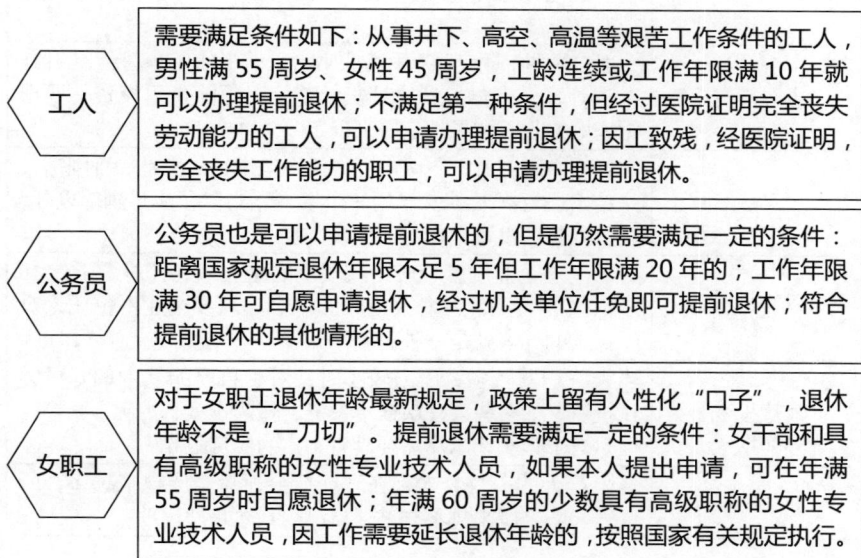

工人	需要满足条件如下：从事井下、高空、高温等艰苦工作条件的工人，男性满 55 周岁、女性 45 周岁，工龄连续或工作年限满 10 年就可以办理提前退休；不满足第一种条件，但经过医院证明完全丧失劳动能力的工人，可以申请办理提前退休；因工致残，经医院证明，完全丧失工作能力的职工，可以申请办理提前退休。
公务员	公务员也是可以申请提前退休的，但是仍然需要满足一定的条件：距离国家规定退休年限不足 5 年但工作年限满 20 年的；工作年限满 30 年可自愿申请退休，经过机关单位任免即可提前退休；符合提前退休的其他情形的。
女职工	对于女职工退休年龄最新规定，政策上留有人性化"口子"，退休年龄不是"一刀切"。提前退休需要满足一定的条件：女干部和具有高级职称的女性专业技术人员，如果本人提出申请，可在年满 55 周岁时自愿退休；年满 60 周岁的少数具有高级职称的女性专业技术人员，因工作需要延长退休年龄的，按照国家有关规定执行。

图 5-11

所以延迟退休对于我们来说，一方面准备的时间更多，但是另一方面也说明，退休计划需要提前制定，毕竟意外和明天，并不能确定谁先来。

5.4.2 如何制定退休计划

疲惫的工作、巨大的压力，有没有想过提前退休。当然，自己做生意，自己当老板，但是你看哪个当老板的不是拼命三郎，无论哪一种人群都应该提前做退休计划。如何做呢？如表5-5所示几点建议仅供参考。

表 5-5　退休计划建议

计划类型	计划介绍
社保养老	社保作为基本的养老保险，其中的养老部分是我们将来领取退休金的保障。更具相应的公式，一般多缴多得，但是如果加上现在的通货膨胀率，养老金只靠养老保险并不够
商业保险	社保的养老保险的退休金的领取只能保证我们基本的温饱问题，对于老年人来说，因为年老脆弱，疾病缠身，保证现有的生活水平也有问题，所以商业保险作为补充养老就很有必要
金融投资	一般分两种，固定收益和浮动收益，前者如保本基金、国债、存款等，后者如股票、期货、基金，不能盲目投资，要根据家庭的收入和风险偏好来确定
买房	有房才有家，对于在城市工作的人来说，买房是一种刚需，是结婚、养孩子、养父母的一个家，当然，除了满足刚需以外，还可以买房投资，作为一种投资收入
企业年金	对于一些企业制度相应比较规范的企业来说，对于工作10年以上的员工，将发放相应的年金，只要企业不倒闭，对于员工的养老就是一种保障
收藏投资	当家庭积蓄较多，压力较小时，对于自己的艺术偏好可尝试投资，如有些人喜欢钱币投资、邮票收藏、古玩字画等。但是对于该类艺术品需要具有一定的鉴赏眼光
养儿防老	风险最大的一种养老，在现在社会，啃老族越来越多，所以养儿防老越来越不靠谱，自己规划才是硬道理

无论我们选择哪一种方式，最重要的是，必须提前规划，而且是亲自规划。

第 **6** 章

生活理财一定要学会"细水长流"

大多数人的生活没有那么轰轰烈烈，特别是走入婚姻以后，更多的是油盐酱醋茶，激情退却，生活归于平淡，两个人开始细水长流的生活。理财也如此，它并不能实现一夜暴富，即使一夜暴富，也可能一夜之间倾家荡产，毕竟风险与收益成正比。

细水长流的生活也要细水长流的理财，手机话费如何优惠缴？出门打车怎样使用优惠券？手机订票怎么办？水电煤气要不要自助？如何使用家庭记账小工具？自驾游省多少？购房如何来计算？这些问题都是生活，更是理财，如何做，仁者见仁智者见智。

6.1
日常生活省钱小技巧

我们工资的大部分都用于日常的生活开支了，甚至我们每个月还不一定记得都花在了哪里？特别是现在都是扫码支付，更是不清楚钱花到哪去了，只有等到月底或还款日才知道，原来这月花掉了如此多。那么，我们的日常生活能不能有一点省钱的小技巧呢？当然有，前提是你得知道你的钱花在哪里？

6.1.1 手机话费优惠充值

手机话费作为我们每个月必要的开支，不同的套餐充值金额不同，可以停机、欠费，但是不可以没有流量可以用啊。

如今这个时代是手机时代，一般我们在月初手机欠费时，常通过支付宝、微信来充值，能有几分的优惠，其实我们可以通过手机端进行充值。

首先，我们可以下载一个手机营业厅的 APP，如 6-1 左图所示。在登录以后，就可以看见详细的套餐情况，包括剩余话费、剩余语音、可用积分、剩余流量、沃信用分和通话分钟数以及流量使用情况等。在其中我们还可以通过点击"交费充值"按钮进行话费充值，如 6-1 右图所示。

图 6-1

选择充值的金额，如 6-2 左图所示，充值 20 元将优惠 0.1 元，紧接着点击"立即支付"按钮，在切换的界面中需要选择相应的充值方式，如 6-2 右图所示，一般常用支付宝或微信，最后确认支付即可。

图 6-2

此外，在界面的首页中，我们还可以随时查看我们的套餐信息，如 6-3 左图所示，点击"我的"按钮，进入"我的业务"界面，在该界面中，包括号卡激活、我的基本信息、我的套餐、我的流量包、我已订购、我的账户等业务。我们可选择自己想要的业务进行了解，点击"我的套餐"按钮，如图 6-3 右图所示。

图 6-3

在打开的界面中列举了可供变更的套餐，我们可以查看到详细的套餐信息，当前的套餐为"智慧沃家共享版 -4G 成员套内产品"，如果对当前的套餐不满意，就可以选择变更套餐，直接点击"套餐变更"按钮，进入套餐变更操作。紧接着，将出现我们可选择的 3 种套餐，可选择自己认为适合的进行变更，如图 6-4 所示。

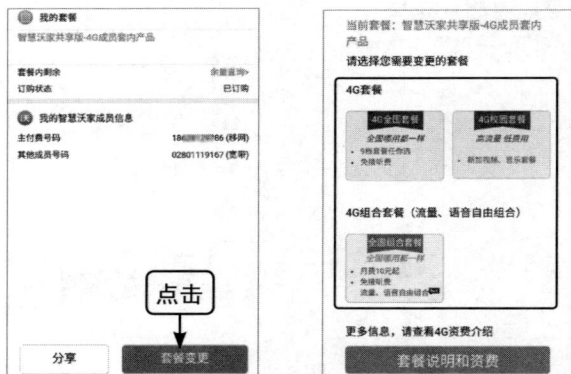

图 6-4

对于手机党来说，手机营业厅更方便，一键就可以充值续费，同样可以查看相应的明细以及套餐变更，大大方便了我们的生活，同时也带来了很多优惠。

6.1.2 出行打车优惠

对于上班族来说，日常出行除了上下班开车、坐公交、坐地铁，我们也常常遇到需要打车的时候，比如限行、见客户、加班晚归等。这时候如果打车成本很高，甚至能赶上加班工资，而回家路程较远，此时我们可以选择一种相对优惠的方式，比如滴滴打车。

可以选择快车、拼车、出租车、代驾等，其中快车最为常用，下面我们以打滴滴快车的案例说明如下。

首先我们需要登录进入滴滴的首页，然后将出现如图 6-5 所示的页面，点击"快车"按钮，进入打车的流程。

在出现的页面中，将自动定位我们当前的位置，如图 6-5 左图所示的当前位置为金贝贝实验幼儿园，然后紧接着需要输入我们将要去的地方，如机场，如图 6-5 右图所示。

图 6-5

输入完成以后，系统将自动跳出，快车将到达的时间，如一分钟后到达，而到达终点的时间为 18:00，如 6-6 左图所示。同时将显示此次打车的价格总计，如 6-6 右图所示为 75.3 元，如果价格在预算当中，我们就可以点击"呼叫快车"按钮。要注意，一般呼叫快车以后，滴滴系统就会派单，然后司机就会出发接人，所以不可像游戏一样随意点击操作。

图 6-6

需要说明的是，一般 6 点以前或者晚上 12 点以后，甚至在高峰打车时段，车价都会变化，当我们选择时，要看好后再下单。

滴滴除了常用的打快车，还可以打出租车、代驾、拼车等，基本操作与打快车类似，只是价格上有所不同。如 6-7 左图所示，打出租车的价格是以计价器计价。而代驾，同样的路程，则为 135.5 元（原价147.5 元，优惠券抵扣 12 元），如 6-7 右图所示，具体选择哪一种，由自己计划安排。

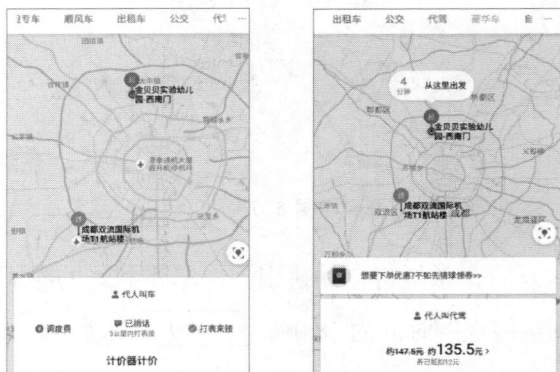

图 6-7

除了如上的滴滴打车，一般还有神州专车、曹操专车等，由于使用较少，在这里我们不做详细介绍。

6.1.3 订机票优惠

明天想去西藏游一圈怎么办？后天要去大北京谈判怎么走？朋友约好去香港七日游怎么约？当然是乘坐飞机了。

飞机作为一种出行工具，像智能手机一样，几乎普及，那么机票贵吗？相比于其他的交通工具，当然贵，但是贵在快。而且有时候只要时间选对，甚至和其他的交通工具差不了多少。那么，如何订机票才优惠呢？

首先是订票的时间，如图 6-8 所示的 4 点小建议仅供参考。

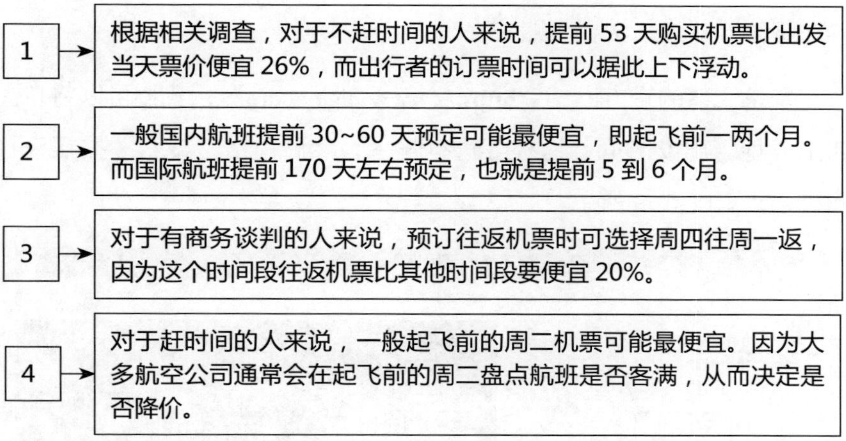

1	根据相关调查，对于不赶时间的人来说，提前 53 天购买机票比出发当天票价便宜 26%，而出行者的订票时间可以据此上下浮动。
2	一般国内航班提前 30~60 天预定可能最便宜，即起飞前一两个月。而国际航班提前 170 天左右预定，也就是提前 5 到 6 个月。
3	对于有商务谈判的人来说，预订往返机票时可选择周四往周一返，因为这个时间段往返机票比其他时间段要便宜 20%。
4	对于赶时间的人来说，一般起飞前的周二机票可能最便宜。因为大多航空公司通常会在起飞前的周二盘点航班是否客满，从而决定是否降价。

图 6-8

当机票的时间确定以后，我们就需要确定订票的平台，一般可以去各大网站进行比较，常用的如飞猪、天巡、携程与去哪儿等。

◆ 飞猪

飞猪是阿里巴巴旗下全球领先的综合旅行服务平台，旨在为用户提供便捷、更高性价比的出行服务。

在 2016 年 10 月 27 日，"阿里旅行"升级为全新品牌"飞猪"，英文名"Fliggy"。新更名的飞猪主要的消费群体为年轻消费者，它与面向企业差旅服务的阿里商旅一起构成阿里巴巴旗下的旅行业务单元。

在 2018 年 5 月 7 日，飞猪针对国内机票、国际及港澳台机票的退票、改签费用发布相应的退改申请单，平台上的商家必须按照航空公司的规定准确填写和收取退票、改签费用。若商家填写或收取的费用高于航空公司标准，那么商家将在平台规则原有的扣分、罚款、清退等处罚基础上，再额外向买家赔付 3 倍的费用差价。并且如果经飞猪核实确有退改签乱收费的事实存在，将以其一贯的"先行赔付"优势，确保赔偿即刻进入消费者账户。

登录飞猪的官方网站"https://www.fliggy.com"，我们可以将自己的出发地、出发时间、返程等进行输入，然后单击"搜索"按钮来订购机票，如图 6-9 所示。

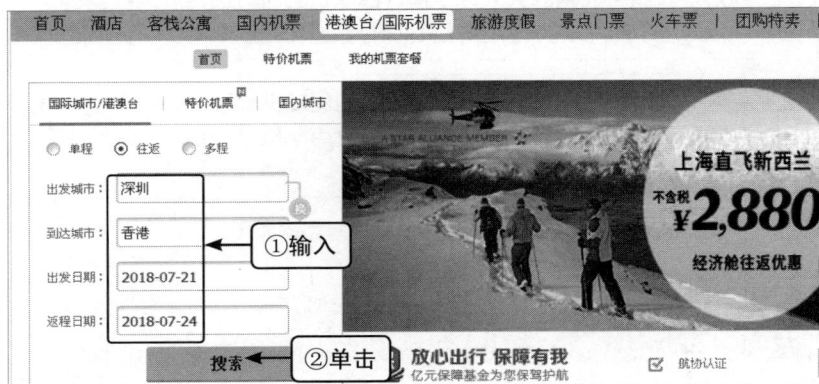

图 6-9

系统自动根据设置的条件进行搜索，并在打开的页面中显示搜索结果的详细航班信息以及票价情况，如图 6-10 所示。

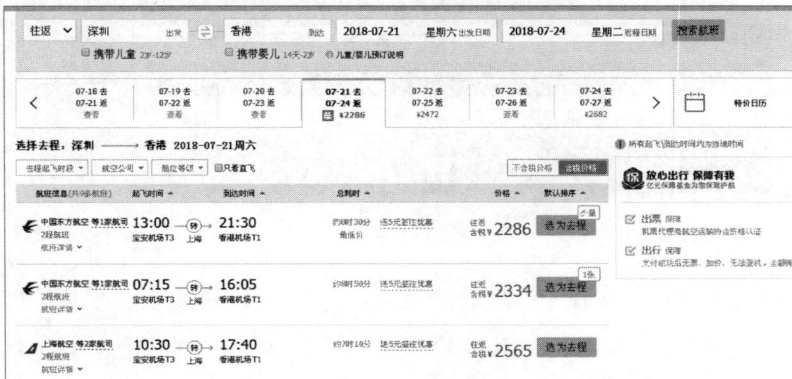

图 6-10

一般航空公司会经常做一些优惠力度很大的活动来留住顾客，但是这些活动只会在各自的官网发布，一般人很难及时获取到相关信息。而飞猪获取官网活动最为及时，哪怕是机票分分钟售完的官网秒杀活动，飞猪也能获得。飞猪一般靠低价来吸引顾客，在其首页经常会有一些廉价机票。但是要注意，一般都是不含税的价格。

◆ 天巡

除了飞猪，常飞国际的订票平台还有天巡，天巡已经成长为全球最大的独立机票搜索引擎。天巡网提供超过 30 种语言的机票搜索服务，天巡是用户完全免费使用、免注册的机票搜索比价网站。需要注意的是，天巡网上显示的所有机票报价都是包含税费的。

直接登录天巡官网"https://www.tianxun.com"，如图 6-11 所示。在其中需要选择我们的出发地为广州，目的地为巴黎戴高乐机场，以及去程和回程时间，人数以及舱位，选择完成以后单击"立即搜索"按钮，进行机票详细信息查询。

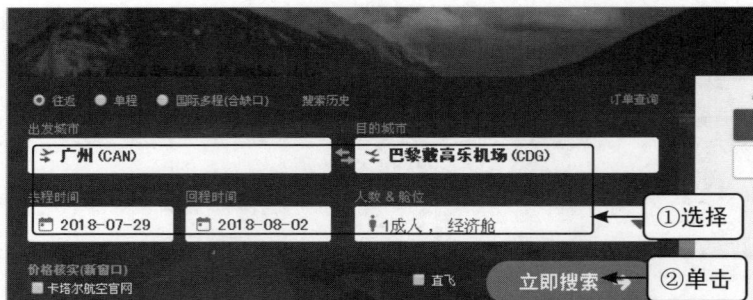

图 6-11

在打开的页面中可以查看到搜索的航班的具体信息，起飞的时间以及到达的时间，如从早上的 11:10 到第二天的 14:40，经历时间 33 小时 30 分，而返程则从当日的 18:05 到第二天的 13:40，历时 37 小时 35 分，其中含税的价格为 7 438 元起，如图 6-12 所示。

图 6-12

除了上述订购某日的机票，在天巡网上，我们还可以查到某一月最便宜的机票。具体操作为：选择出发地为成都，目的地为巴黎，其中去程和回程时间都为 8 月，选择完成后，单击"立即搜索"按钮，如图 6-13 所示。

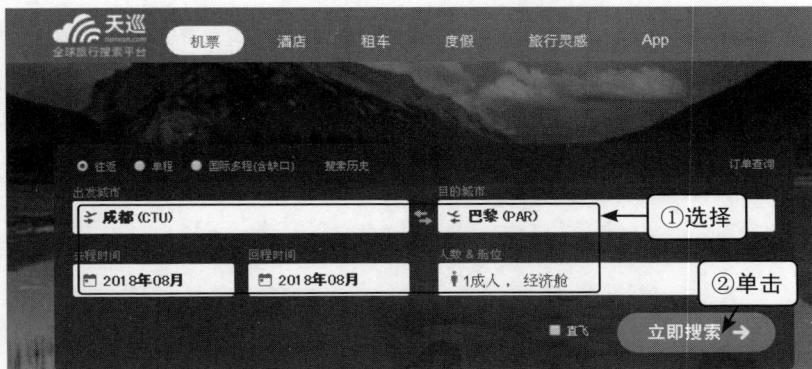

图 6-13

根据相应的条件，我们可以搜索出相应的结果，得出在 8 月最优惠的机票价格，如图 6-14 所示，在 8 月 20 日从成都到巴黎最为划算，含税费价格为 2296 元，而相应的回程在 8 月 30 日最为便宜，含税费价格同样为 2296 元。

图 6-14

当然，对于查询结果除了如图 6-14 所示的通过日历风格查询外，还可以通过图表查询，如图 6-15 所示。数字很清晰，但是具体数字还需要再查询。

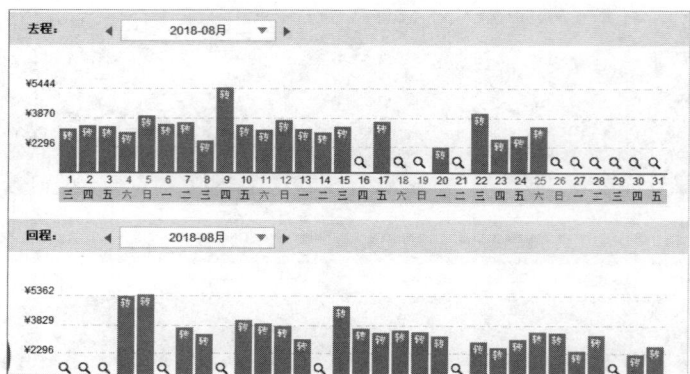

图 6-15

天巡网是全球领先的机票航班搜索引擎，还为用户提供了"目的地模糊搜索"功能，可以帮助尚未确定旅行目的地的用户，比较从出发地至世界所有国家、选定国家所有城市的机票价格，从而辅助用户选择价格最优的目的地。

◆ 携程

携程是一个在线票务服务公司，创立于 1999 年，总部设在中国上海，2003 年 12 月在美国纳斯达克成功上市。携程网可实现机票、火车票同时预订的功能，可进行相应的比价。

携程旅行网还推出了金穗携程旅行信用卡，是中国农业银行与其合作推出的贷记卡。该卡与携程 VIP 卡功能一体，通过该信用卡可预订全球 134 个国家的 28 000 余家 2~5 星级酒店，可享受携程 VIP 会员各种优惠礼遇，如专享酒店折扣、机票折扣、度假折扣，其中包括千余条度假、旅游优惠线路以及全国 3 000 余家特约商户专享餐饮娱乐高额消费折扣。

那么，在携程订票该如何操作呢？首先，登录携程官网"http://www.ctrip.com"，选择出发城市、到达城市、出发日期、返回日期等，选择完成以后，单击"搜索"按钮进行相应结果查询，如图6-16所示。

图 6-16

此时，我们将查询到相应信息，如航班为四川航空、出发时间为2018年7月21日下午17:35，到达时间为当日晚上20:20。而返程时间为2018年7月24日晚上20:20，航班为东方航空，到达时间为当日晚上23:35，具体如图6-17所示。

此外，携程网还将提供到达地的酒店，如上海浦东喜来登大酒店。

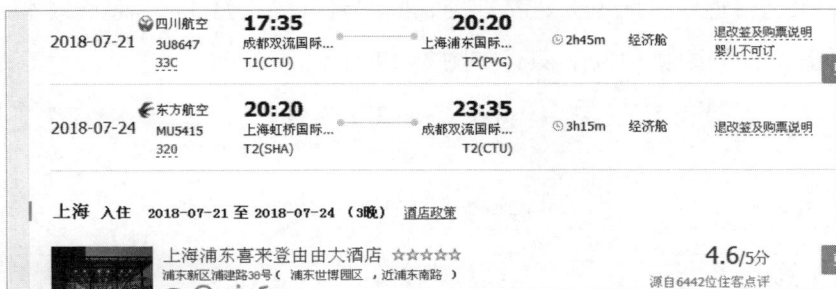

图 6-17

携程作为订机票的平台常常被使用，到底选择哪个平台，看自己的消费偏好。

◆ 去哪儿

与携程相对应的便是去哪儿网，2005 年 5 月，"去哪儿"成立，作为中国首创的旅游搜索引擎，这是中国旅行者第一次可以在线比较国内航班和酒店的价格及功能。登录去哪儿官网"https://www.qunar.com"，选择相应的出发地、目的地、时间，然后单击"搜索"按钮，进行机票查询。如图 6-18 所示。

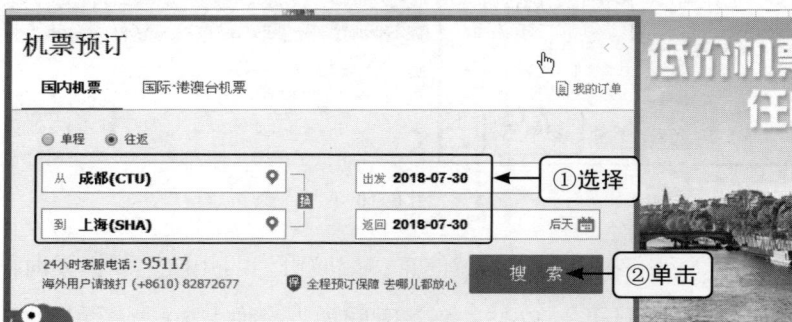

图 6-18

此时将进入查询结果页面，其中在 2018 年 7 月 30 日中午 12:15 出发，航班为吉祥航空，到达时间为当日下午 17:05，机票参考价为 1945 元。如果当日返回，航班为成都航空，回程时间为 7 月 30 日晚上 21:40，到达时间为凌晨 01:05，具体如图 6-19 所示。

图 6-19

一般飞猪、天巡、携程、去哪儿等网站都有自己的手机 APP，可下载相应的 APP 进行价格对比。至少装两个，有时候 APP 的价格会比网页版更便宜，而且 APP 上也会有更多的独享活动。

除了这些对比网站，我们还可以到各大航空公司的网站去进行相应的价格对比，如登录中国国际航空公司官网"http://www.airchina.com.cn"，对于出发城市和到达城市、出发日期和到达日期选择完成以后，单击"查询预订"按钮，进行相关信息的了解，如图 6-20所示。

图 6-20

紧接着，我们将进入如图 6-21 所示的查询结果页面，如其中的航班为 CA4337，出发时间为 7 月 30 日的早上 08:30，到达时间为上午11:00，其中，经济舱的全价往返为 2450 元，基础折扣为 2210 元，优选折扣为 2050 元。具体选择哪一家航空公司，因人而异。

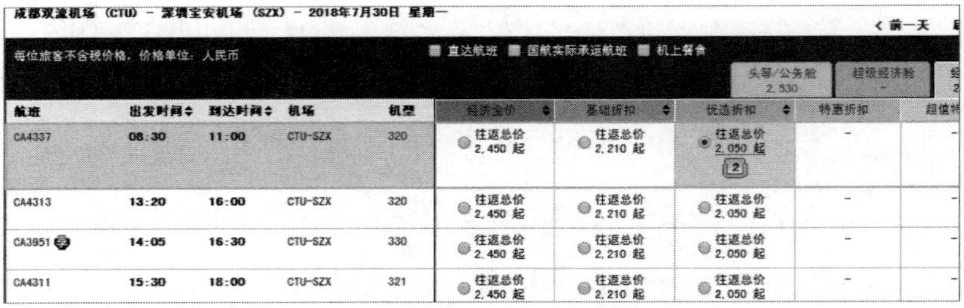

成都双流机场（CTU）－深圳宝安机场（SZX）－2018年7月30日 星期一　　＜前一天

每位旅客不含税价格，价格单位：人民币　　直达航班　国航实际承运航班　机上餐食　　头等/公务舱 2,530　超级经济舱 -

航班	出发时间	到达时间	机场	机型	经济全价	基础折扣	优选折扣	特惠折扣	超值特
CA4337	08:30	11:00	CTU-SZX	320	往返总价 2,450 起	往返总价 2,210 起	往返总价 2,050 起 2	-	-
CA4313	13:20	16:00	CTU-SZX	320	往返总价 2,450 起	往返总价 2,210 起	往返总价 2,050 起	-	-
CA3951	14:05	16:30	CTU-SZX	330	往返总价 2,450 起	往返总价 2,210 起	往返总价 2,050 起	-	-
CA4311	15:30	18:00	CTU-SZX	321	往返总价 2,450 起	往返总价 2,210 起	往返总价 2,050 起	-	-

图 6-21

对于一些航空公司来说，一般在官网就能订到最廉价的机票，但是这些提供廉价机票的航空公司，它们的座位相对比较小而且不包含免费餐饮，只能购买。一般不包含托运行李服务，如果要托运需另外付费购买。一般在网上预先购买行李托运会比登机前购买要便宜很多，当我们在一些廉价航空购买机票时，要注意如图 6-22 所示的 5 点。

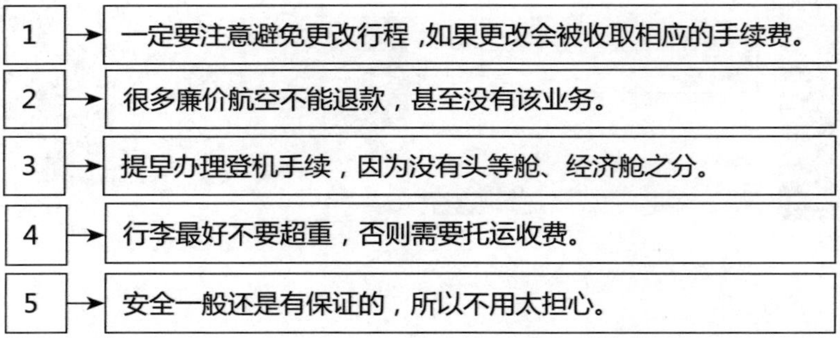
1
一定要注意避免更改行程，如果更改会被收取相应的手续费。
2
很多廉价航空不能退款，甚至没有该业务。
3
提早办理登机手续，因为没有头等舱、经济舱之分。
4
行李最好不要超重，否则需要托运收费。
5
安全一般还是有保证的，所以不用太担心。

图 6-22

一般航空公司会在特定的日子，做一些促销，特价机票和优惠活动都会在航空公司官网第一时间展示出来，这是其他第三方网站没有的。如果注册了会员，一旦航空公司有活动，就会收到短信或邮件。

此外，如果旅游季节，可以组团出游，那么此时就可以购买团体机票。团体机票是指 10 人以上预订机票，一般需要提前申请，各航空公司根据当时航班的销售情况以及团队人数安排确认折扣舱位和票价。

一般是提前 7~10 天可以申请，也有本月申请下个月某时段的折扣，一般离起飞时间越接近，申请到团队折扣票价的可能性越小。

一旦我们获得了相应的折扣机票后，需要确认团队的最终名单，以便向航空公司提交出票申请，而且需要在出票前向其支付全部团队票款，票款支付成功后，在座位确认没有问题的情况下，就可以做名单录入出票。

订购团体机票时要注意，选择航空公司官网或者带有航空公司授权标志的网站购买，不要轻易相信一些转账的电话或网站。付款方式一般选择第三方支付比较安全，最靠谱的是打电话到官网进行人工预订，因为团体购票人数的原因，金额较大，更加需要注意安全。

6.1.4 网购享更高优惠

人们现在的衣食住行，都离不开网购，手指一抖，手机一点就能解决的，何乐而不为？更重要的是，同样的产品的确更优惠，比如唯品会。进入唯品会官网 "https://www.vip.com"，我们将看到如女装、母婴、美妆、国际、男装等的品牌折扣很优惠，如图 6-23 所示。

图 6-23

唯品会在中国开创了"名牌折扣＋限时抢购＋正品保障"的创新电商模式，唯品会每天早上 10:00 和晚上 20:00 准时上线 200 多个正品品牌特卖，以最低至 1 折的折扣实行 3 天限时抢购，为消费者带来高性价比的"网上逛街"购物体验。

在唯品会首页，我们可以单击自己感兴趣的进行了解，如单击"精选"按钮，我们将看到当日特卖精选的各种产品，美妆、眼镜、包包等，如图 6-24 所示。

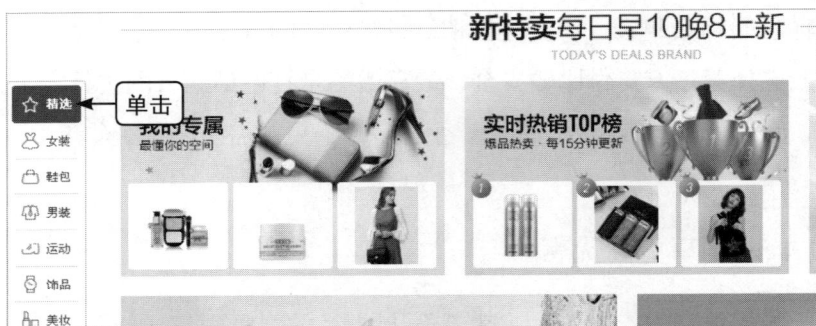

图 6-24

在唯品会上我们可以看到一些常见的品牌在打折，而且都是在各大商场常见的一些产品，比如女孩子都喜欢的美妆产品，具体有雅诗兰黛、巴黎欧莱雅、玉兰油、百雀羚等品牌，如图 6-25 所示。

图 6-25

除了上述品牌外，还有一些国际品牌也有折扣，比如来自韩国、日本、欧洲等，价格一般从 1 折起，比商场的更划算，当然前提是要选择靠谱的卖家。如图 6-26 所示中，来自雅漾的海外特卖从 3.5 折起。

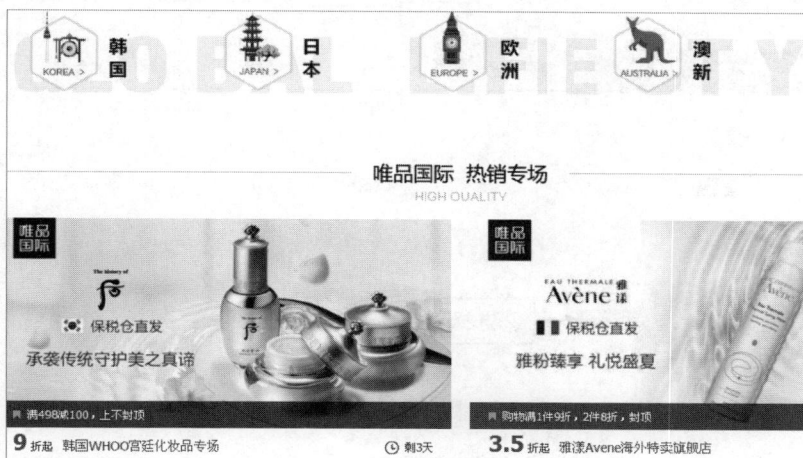

图 6-26

6.1.5 团购消费优惠

一般说到外卖，我们都会选美团，便宜优惠可选产品多，还能送货上门，而美团的本质就是团购。团购简单说就是团体购物，一般指认识或者不认识的消费者一起享受一定的优惠，一般商家可以给消费者低于零售价格的团购折扣和单独购买得不到的优质服务，消费者可以到相应的平台参与购物。

百度糯米，作为团购的一种，团购最核心的优势体现在商品价格更为优惠上。根据团购的人数和订购产品的数量，消费者一般能得到 5％到 40％不等的优惠幅度。登录百度糯米官网"https://www.nuomi.com"，系统自动切换到所在城市团购页面。我们可以根据自己的需求输入以及选择购买，如输入"KTV"关键字，然后选择分类，再选择区域为锦江区，如图 6-27 所示。

图 6-27

然后我们将得到相应的搜索结果，如图 6-28 所示，各种档次的 KTV 就将按照一定顺序排列，我们可以选择常去的 KTV 进行订购，如果不是很了解，还可以选择热销榜、免预约的 KTV。

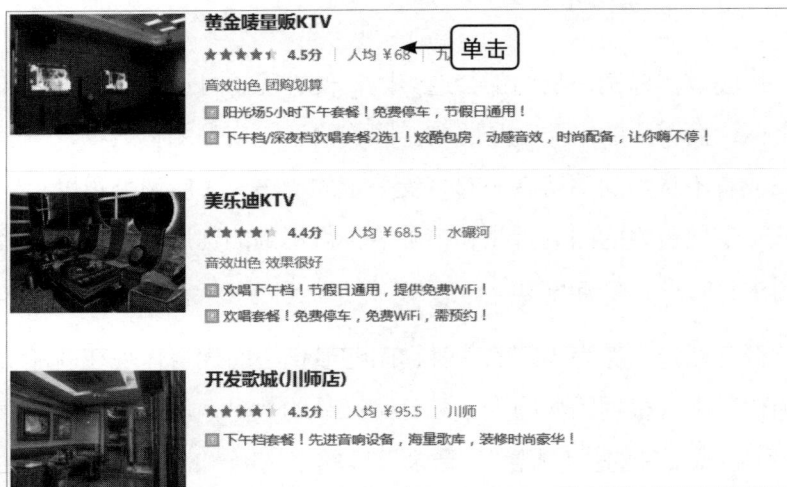

图 6-28

一般我们都会首选结果列表中的首位，如黄金唛量贩 KTV，我们可以点进去查看相关的信息，如该 KTV 的具体位置、电话、推荐等，如图 6-29 所示。

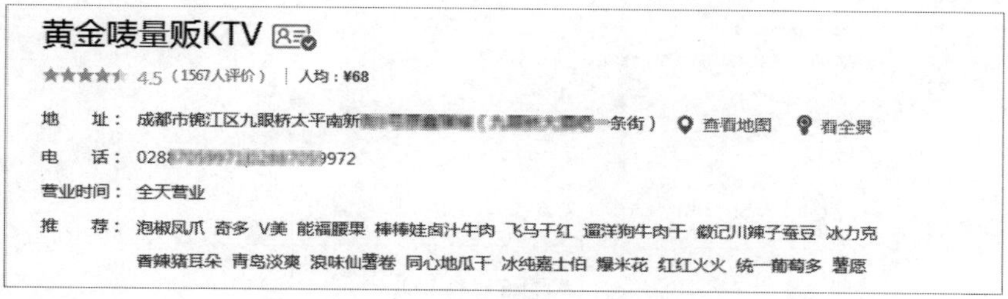

图 6-29

此外，我们还可以查看对于该商家的评价以及评分，从而决定是否购买，如图 6-30 所示。

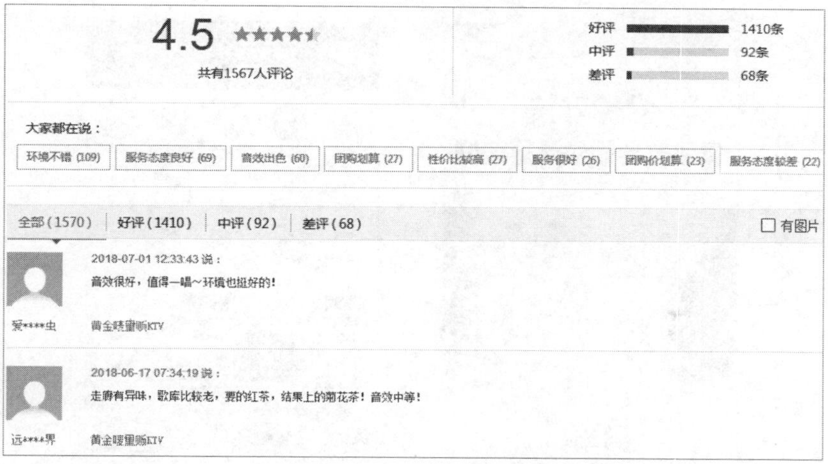

图 6-30

当我们查看评价时，我们不仅要注意查看好评也要查看差评。如图 6-31 所示。

| 全部（1570） | 好评（1410） | 中评（92） | 差评（68） |

2018-02-11 04:46:43 说：
加钱不说了，等了2个小时，刚开始唱半小时就说时间到了，差评！

哥****时　黄金喽量贩KTV

2017-04-26 01:56:53 说：
不是很喜欢这儿服务不好刷到做就发生不愉快的事

1****6　黄金喽量贩KTV

2016-12-27 05:52:05 说：
差评差评差评，一整个下午都是制耳的电流声，以前都没这样的

图 6-31

　　除了如上的网站购买，我们还可以用 APP 进行团购，如 6-32 左图所示。美团是我们常用的团购网站，进入美团 APP，我们可以看见各种美食、电影、外卖、秒杀、优惠专区等，如 6-32 右图所示。

图 6-32

　　此外，我们还可以查看一些限时秒杀、名店抢购、优惠专区等，我们可以选择自己感兴趣的进行了解。如图 6-33 所示。

图 6-33

　　另外，我们还可以根据季节特性选择自己喜欢的美食，在首页选择夏日好时光，点击"心水美食"按钮集中推荐各种美食团购信息，如 6-34 左图所示。

　　此外，我们还可以点击"小吃快餐"按钮进入小吃页面，这里具体显示了附近的小吃团购信息如 6-34 右图所示。

图 6-34

团购的好处主要表现在两方面：一是团购价格低于产品市场最低零售价，二是产品的质量和服务能够得到有效的保证，是我们进行生活理财的好途径。

6.1.6 水电气费的自助缴纳

随着互联网的发展以及手机的日益智能化，我们的衣食住行几乎都可以通过手机搞定，比如缴纳水电气费这件事。

我们简单以支付宝缴纳水电气费为例子，首先，进入支付宝APP，在首页点击"生活缴费"按钮，如6-35左图所示，紧接着将进入如6-35右图所示的页面，点击"水费"超链接，进入下一步操作。

图 6-35

在紧接着出现的页面中设置缴费单位和户号，点击"下一步"按钮，将出现如图6-36右图所示的页面，点击"立即缴费"按钮进行水费缴纳。

图 6-36

　　像如上的例子，不仅水费可以通过支付宝缴纳，电费、燃气费、宽带等都可以，其操作与缴纳水费的步骤相似，只是账户不同。除此外，我们还可以通过微信缴纳，缴纳步骤也与此类似，在此，我们不做详细介绍。一句话总结，操作方便简单，关键是节省时间成本。

6.2
实用的理财小工具

　　前面我们对于家庭生活的一些省钱小技巧进行了简单介绍，那么在实际生活中，我们就需要去运用它，如何更巧妙、更顺手地使用它呢？一般我们可以借助相应的工具实现，请和我一起往下走。

6.2.1 家庭记账工具的使用

　　前面章节，我们对于家庭记账的几类工具进行了简单的介绍，主要是通过 APP 来实现，下面我们将对年轻人使用较多的一种账本——圈子账本进行简单介绍。

下载圈子账本 APP 后，启动该程序，在打开的界面中点击"微信登录"按钮后进入到如 6-37 左图所示的界面，点击"确认登录"按钮进入记账的首页后可以看到，其中详细地记录着我们这一个月的消费、收入明细。如化妆品、交通、吃喝、信用卡、工资卡等明细。点击最中间的"＋"按钮，进行当日消费的记录。

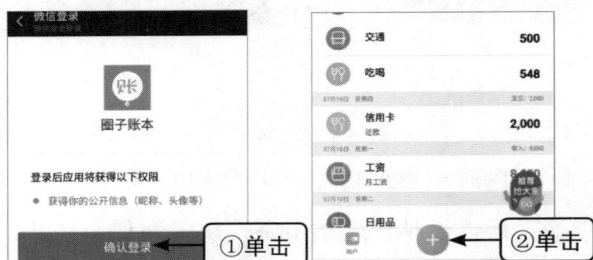

图 6-37

我们可以对护肤、交通、吃喝、信用卡、工资、日用品等项目进行详细的记录。如图 6-38 所示，点击"化妆护肤"按钮，紧接着输入消费额 1 000 元，输入完成以后，点击"完成"按钮，在返回的界面中即可查看到添加的记录。

图 6-38

除了日常的记账外，一般我们还可以安装相应的理财 APP，对相关理财产品进行记录，如很受年轻人欢迎的贝多多。在首页点击"＋"按钮进入全资产管理页面，点击"信用卡管理"展开按钮，进入下一步操作，如图 6-39 所示。

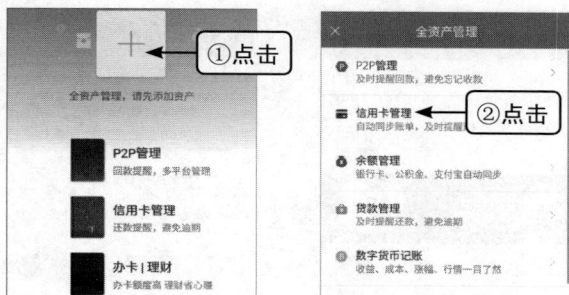

图 6-39

在打开的界面中输入相关信息，如 6-40 左图所示。输入完成以后，点击"保存"按钮进入如 6-40 右图所示的页面，在其中显示了该信用卡的详细信息，如免息天数、账单日、还款日、总额度等。

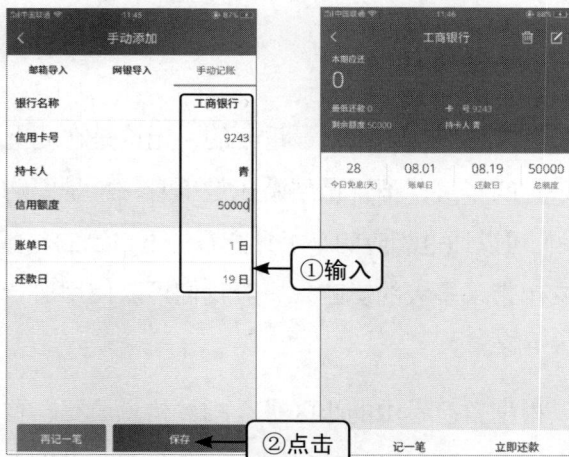

图 6-40

该 APP 除了理财记录外，还可以通过"发现"和"社区"功能来了解相关理财信息。在发现里，我们将看到有理财计算器、贷款计算器、网络理财等功能，如 6-41 左图所示；而在社区里，我们将发现一些精华帖，可以及时把握相关信息，如 6-41 右图所示。

图 6-41

不同的家庭适合不同的理财工具以及日常记账工具，具体使用哪一种因人而异，就像有人偏爱天猫，有人偏爱淘宝，有人偏爱唯品会，各有各的优势，最终的选择还是在自己手里。

6.2.2 购房计算器的使用

在我们的日常生活中，家是最重要的，无论是在北上广还是二线城市，到了一定的年龄，不管是结婚还是单身，总是要购房的。而在购房之前，我们可以通过相应的小工具查看一下自己的预算是否合适，将给家庭的支出带来多大的影响，一般我们可以使用房贷计算器来计算，下面具体讲解。

我们可以根据自己看中的小区进行相关信息填写，首先，我们可选中商业贷款，输入小区的单价以及面积，然后单击"开始计算"按钮，在图的右边，我们将得到相应的计算结果，如图 6-42 所示。

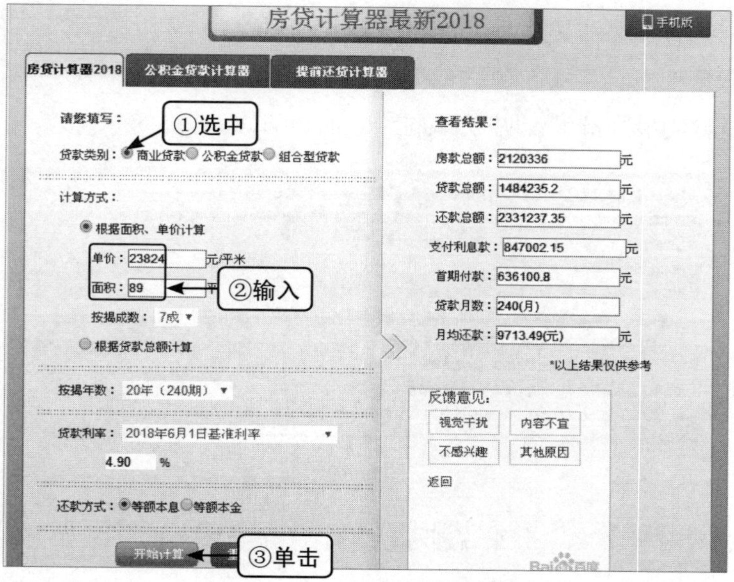

图 6-42

　　此外，我们还可以选中公积金贷款进行查询，同样输入小区的单价以及面积，然后单击"开始计算"按钮，得出相应的结果，如图 6-43 所示。

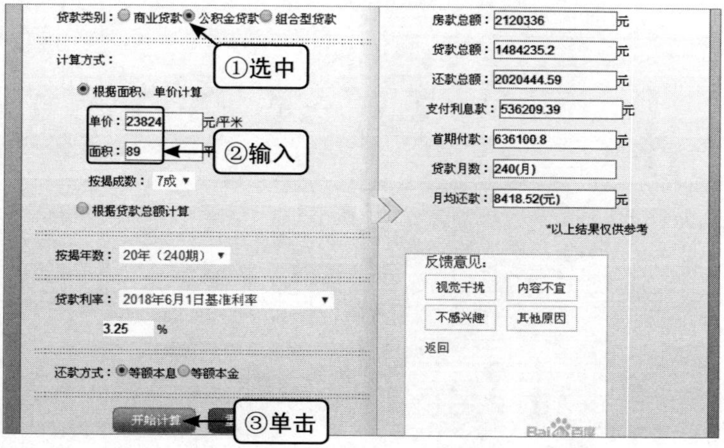

图 6-43

公积金贷款对于购房者来说更优惠。此外我们还要了解一些关于购房的相关信息，如等额本息还款以及等额本金还款，或是 2018 年公积金贷款的最高额度说明等，如图 6-44 所示。

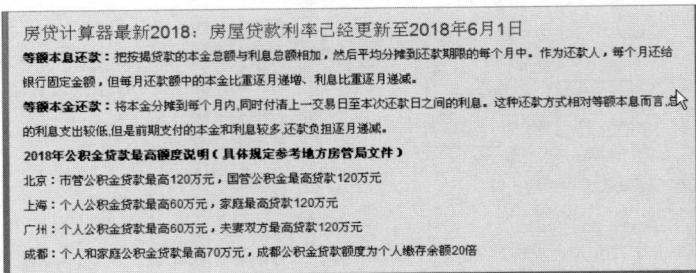

房贷计算器最新2018：房屋贷款利率已经更新至2018年6月1日

等额本息还款：把按揭贷款的本金总额与利息总额相加，然后平均分摊到还款期限的每个月中。作为还款人，每个月还给银行固定金额，但每月还款额中的本金比重逐月递增、利息比重逐月递减。

等额本金还款：将本金分摊到每个月内，同时付清上一交易日至本次还款日之间的利息。这种还款方式相对等额本息而言，总的利息支出较低，但是前期支付的本金和利息较多，还款负担逐月递减。

2018年公积金贷款最高额度说明（具体规定参考地方房管局文件）

北京：市管公积金贷款最高120万元，国管公积金最高贷款120万元

上海：个人公积金贷款最高60万元，家庭最高贷款120万元

广州：个人公积金贷款最高60万元，夫妻双方最高贷款120万元

成都：个人和家庭公积金贷款最高70万元，成都公积金贷款额度为个人缴存余额20倍

图 6-44

购房对于很多家庭来说都是大事，一定要慎重而行。如何购房，在后面的章节，我们将详细介绍。

揭秘传统方式中的理财经

对于一些余额不多、工作繁忙又追求低风险稳收益的上班族来说，将钱投入银行，以定期储蓄或者购买银行理财产品的方式将余额活用起来，是非常重要的一件事。

如何储蓄？储蓄有哪几种？什么是零存整取？自动转存是什么？银行理财产品怎么买？信用卡应该怎么刷......本章都将为大家娓娓道来。

7.1
储蓄是理财中最普遍方式

长期以来，我国居民储蓄增长率一直较高，而据央行 2018 年 4 月发布的金融统计数据显示，4 月新增存款 5 352 亿元，储蓄作为一种最传统的理财方式，由于其本金的安全性及收益的稳定性，投入方便，还是成为大多理财者常选的一种理财方式。

7.1.1 存钱是理财投资第一步

我们说要理财，但理财的前提是有财可理，而存钱就是理财的第一步，相对于其他的理财方式，存钱这种理财方式，不需要太高的财商就可以实现，简单举例如下。

张某毕业后就在一家公司上班，每月除掉社保和公积金以后，到手工资约 3100 元，每月的租房、生活费、其他消费支出等花去 2000 多元，剩余的都放在银行卡里没有花。

在年底的时候，公司给予张某 5000 元的奖金，于是张某到银行去查余额，发现卡里竟然有近 15000 元，于是打算和奖金一起存入银行。当到柜台咨询时，柜员告诉张某，他可以选择 3 年期或者 5 年期定期的储蓄，后者利息会相对高些，而平时张某剩余的金额也视为活期储蓄，同样具有利息，只是利息较低。

这个故事告诉我们，在我们领工资的同时，我们完全可以利用剩余的金额，去储蓄，积少成多，最终为获得第一桶金打下基础。

储蓄是在社会生活中的一种经济行为，有广义和狭义之分，广义的储蓄是指居民储蓄、企业储蓄、政府储蓄等，而一般我们所说的储蓄则是指狭义的储蓄，它是指居民个人在银行的储蓄存款，也称为银行存款。

银行存款是个人结余的或暂时不用的资金有条件的存于银行的一种行为，存款的对象是货币资金，不包括实物。

7.1.2 银行的几种储蓄方式

前面我们已经知道储蓄的定义，那么储蓄都有哪几种呢？一般常见可以分为四大类，简单介绍如下，仅供参考。

（1）活期储蓄

我国各大银行的活期存款，一般指可以随时存入或支取现金的储蓄，最低额为 1 元，鼓励多存，投资者需办理开户，每年结算一次利息。此类存款适合的投资者是当前有闲置资金、还在规划，预计未来会有支出、个体经营户等投资者。

（2）定期储蓄

相对于活期存款，还有一种储蓄方式常被人们使用，那便是定期存款，一般指在开户时就和银行约定了存款期限，在一定的时期支取本金和利息的储蓄。一般适合城乡居民中拥有收入结余、暂时资金闲置、未来计划支出的投资者，它的利率高于活期，为银行提供了稳定的资金来源。

定期储蓄一般包括整存整取、零存整取、整存零取储蓄、存本取息、通知存款、教育储蓄等。

◆ 整存整取

如表7-1所示我们将对其做详细介绍。

表7-1　整存整取

项目	明细
定义	在开户时约定好存期，并且在开户时一次性的整笔存入，到期也是一次性的支取本利息的存款
开户起存金额	一般最低限额在50元，外币为100元人民币的等值交换
存款期限	一般存款期限有3个月、6个月、1年、2年、3年、5年等，外币则有1个月、3个月、6个月、1年、2年等
存款支取	提前支取时，储户不仅需要存折或银行卡，更需要支取人的身份证，代取时，这要加上代取人的身份证，同时提前支取只能支取其中的一部分，利息按照约定的利率计算

对于整存整取来说，一般定期存款期限越长，相对的利率机会越高收益也会较高，但是缺乏一定的流动性，那么对于长时间不用，但也不能确定存期的投资者，可以将账户余额为10万元的存款按照1万元、2万元、3万元、4万元的方式，分批提前支取，避免利息的损失。

当存款时利率正在调整，那么利率被调高，投资者就选择短期储蓄。如果利率调低，就存长期，通过存期实现收益平衡的调整，当然在开户时可以约定自动转存，避免到银行柜台办理的麻烦。

◆ 整存零取

整存整取相对的就是零存整取，我们将在后面的小结详细讨论。紧接着便是整存零取储蓄，具体如表7-2所示。

表 7-2 整存零取

项目	明细
定义	在储户开户时就和银行约定好存款期限，本金一次性存入，而储户可以分批次的支取本利息的一种存款
开户起存金额	一般要求储户按照 1 000 元的最低限额起存
存款期限	一般有 1 年、3 年、5 年等 3 种存期
存款支取	支取的批次则分为 1 个月、3 个月、6 个月中任意一个，储户可自由选择，在存期内如有急需，可持存款凭证及有效身份证件办理全部提前支取
存款利率	根据不同的存期，利率按照开户日的整存零取的利率计算
存款办理	客户凭有效身份证件办理开户，开户时由客户与银行协商确定支取期限和每次支取金额

整存整取和整存零取具有很大的不同。

首先是币种不同，一般整存整取人民币和外币都可以存取，而整存零取常见的是人民币存取。

其次是开户起存金额不同，整存整取开户起存金额一般最低限额在 50 元，外币为 100 元人民币的等值交换，而整存零取开户起存金额一般要求储户按照 1 000 元的最低限额起存。

最后是存款期限有明显的不同，整存整取的存期选择多，而整存零取的存期只有 3 种。当然存取哪一种，看自己的理财规划。

◆ 存本取息

接下来介绍存本取息，具体如表 7-3 所示。

表 7-3 存本取息

项目	明细
定义	储蓄在开户时双方约定存款期限，利息分批支取，而本金到期一次性支取

续表

项目	明细
开户起存金额	存款的最低限额为 5 000 元，一般可以 1 个月或几个月支取利息一次
存款时间	存期一般可分为 1 年、3 年、5 年
存款支取	储户可以和银行约定在总计支取限额里多次支取任意的金额，利率按照开户日的存本取息的利率计算，到期未支取或者提前支取利率按照活期的利率计算

　　一般该类账户和零存整取账户搭配使用，更能体现利滚利的效果，先将固定的资金以存本取息的方式储存起来，然后将利息以零存整取的方式存储，同时在开户时，与银行约定"自动转息"业务。

　　◆　通知存款

　　接下来介绍通知存款，具体如表 7-4 所示。

表 7-4　通知存款

项目	明细
定义	指储户在开户时没有约定支取的存款日期及金额，当储户需要支取资金时，事先通知银行的一种个人存款方式
开户起存金额	最低存款金额为 5 万元，如果投资者存入外币，为 5 000 美元
存款时间	相对自由
存款支取	一般一次性存入，一次或多次支取，但多次支取后，账户余额不能低于最低的存款限额，当低于该金额时，银行就会自动转为活期存款
存款分类	按照提前通知取款的期限分为一天通知存款和 7 天通知存款。对于一天通知存款，一般在取款前一天通知银行，存期要大于两天；7 天通知存款则需要在支取前 7 天通知银行，一般存期在 7 天以上

　　通知存款一般适合近期要支取大额活期存款的储户，一般提前通知取款的期限定为 7 天较合适。

◆ 教育存款

最后是教育储蓄，是一份为宝宝准备的惊喜，在当今的家庭中孩子的教育和培训成为家庭的重大支出，提前准备一份教育储蓄非常有必要。

曾经有一篇文章火爆朋友圈文章，一位广州的妈妈在文中写道：我月薪 3 万竟然还养不起一个孩子！这绝不是开玩笑，我想有孩子的家庭，特别是活在大城市的家庭，都能感同身受。如果有了教育储蓄将能给家庭减负很大一笔。那么教育储蓄是什么？具体如表 7-5 所示。

表 7-5 教育储蓄

项目	明细
定义	教育储蓄是指个人按照国家有关规定在指定银行开户、存入规定数额资金、用于教育目的的专项储蓄
对象	储蓄的对象为在校的小学 4 年级以上的学生
开户起存金额	起存额为 50 元，最高限额为 2 万元
存款时间	存期为 1 年、3 年、6 年
存款支取	储户须凭存折及学校开具的接受义务教育在校学生身份证明（下称"证明"）一次支取本息，享受教育储蓄的各项优惠。逾期支取的，存期内部分，按教育储蓄规定计付利息，利息免税。超过原定存期部分，按支取日活期储蓄存款利率计付利息，并按规定征收利息所得税。提前支取的，按前述有关提前支取的计息规定给付利息，免征利息所得税。储户不能提供"证明"的，不能享受教育储蓄的各项优惠，只能按开户日同期同档次的零存整取储蓄存款计息征税
存款形式	教育储蓄一般采用的是零存整取的定期储蓄，在开户时与银行约定每月固定存入的金额，每月分批次存入，可以允许每两月漏存一次，就意味着储户一年可以少 6 次转账或跑银行的次数，有的投资者会选择在前几个月或一次性存入，但这种方法一般不被允许
存款利率	教育储蓄的利率享受两大优惠政策，除免征利息税外，作为零存整取储蓄将享受整存整取利息，利率优惠幅度大于 25%。

（3）华侨人民币储蓄

该种储蓄是以华侨以及港澳同胞为储蓄对象的一种存款，华侨或港澳同胞从国外或港澳地区汇入或携入外币、黄金、白银，与中国银行进行交易，将交易所得的人民币用于参加储蓄，开户时通过外汇兑换证明办理，到期以人民币的方式支取。

（4）外汇储蓄

根据《中华人民共和国外汇管理条例》、《个人外汇管理办法》和《个人外汇管理办法实施细则》等相关法规，境内个人和境外个人，持本人有效身份证件，均可在中国银行办理外汇储蓄的存款业务。具体如表 7-6 所示。

表 7-6　外汇储蓄

项目		明细
服务对象	境内个人要求	持有中华人民共和国居民身份证、临时身份证件、户口簿、军人身份证件、武装警察身份证件的中国公民
	境外个人要求	持护照的外国公民以及持港澳居民来往内地通行证、台湾居民来往大陆通行证的港澳台同胞
开户起存金额		活期存款、定期存款 100 元人民币的等值外币
币种		美元、港币、英镑、欧元、日元、加拿大元、澳大利亚元、瑞士法郎和新加坡元
存款类型		活期存款、定期存款、通知存款，以及其他经监管机关批准的存款，一般包括普通活期存折、活期一本通、定期一本通、定期存单等多种存款方式
存款时间		定期存款按期限分为：1 个月、3 个月、6 个月、1 年、两年、15 个月和 18 个月
存款两大类		现汇账户和现钞账户
取款交易		柜台凭密码支取，当日累计等值 1 万美元以下（含）的，可以在银行直接办理；超过上述金额，凭本人有效身份证件、提钞用途证明等材料向银行所在地外汇局事前报备

在上表中提到了现钞和现汇，其中现钞一般指我国国内居民将自己手里持有的外币存于商业银行，而现汇。一般指投资者通过工资或商品交易将外汇现金或票据转存与商业银行，和人民币存款一样，可活期存款、储蓄存款、定期存款等，我国的各大银行一般都开通了外币存款的业务，有的银行还允许在活期存款账户进行存取。

7.1.3 熟知存款的理财知识

银行投资是目前最安全的投资方式，当然也是收益比较低的投资方式，目前国内很多的居民大多以存款投资为主要投资方式，那么在投资之前，对于存款的理财知识的了解必不可少。

首先，我们需要了解银行能提供的理财服务。主要包括分析资产负债状况、理清生活目标和理财目标、搞清客户风险偏好、战略性的资产分配和绩效的跟踪等，具体如图 7-1 所示。

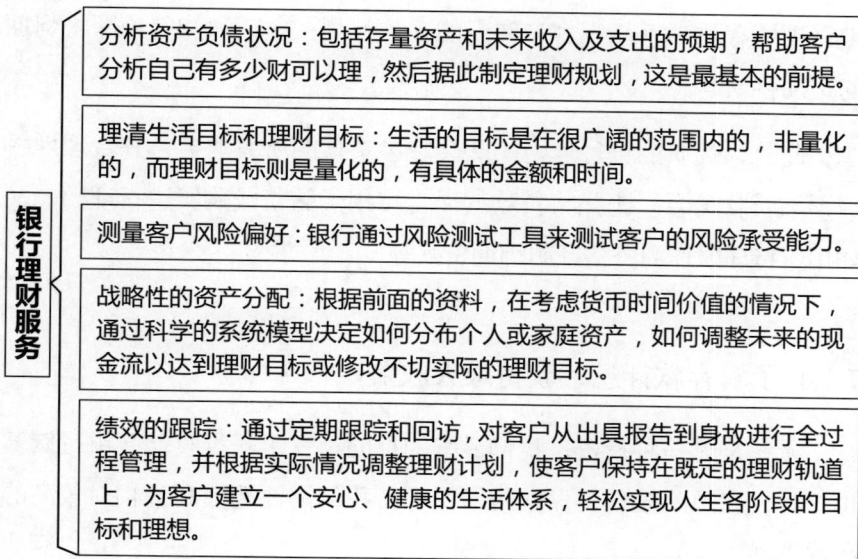

银行理财服务

分析资产负债状况：包括存量资产和未来收入及支出的预期，帮助客户分析自己有多少财可以理，然后据此制定理财规划，这是最基本的前提。

理清生活目标和理财目标：生活的目标是在很广阔的范围内的，非量化的，而理财目标则是量化的，有具体的金额和时间。

测量客户风险偏好：银行通过风险测试工具来测试客户的风险承受能力。

战略性的资产分配：根据前面的资料，在考虑货币时间价值的情况下，通过科学的系统模型决定如何分布个人或家庭资产，如何调整未来的现金流以达到理财目标或修改不切实际的理财目标。

绩效的跟踪：通过定期跟踪和回访，对客户从出具报告到身故进行全过程管理，并根据实际情况调整理财计划，使客户保持在既定的理财轨道上，为客户建立一个安心、健康的生活体系，轻松实现人生各阶段的目标和理想。

图 7-1

银行以客户的现有资产负债状况、风险偏好和未来收支状况为基础通过科学的方法重新规划资产、运用财富，从而帮助客户更好地管理财富、实现理财目标和生活目标。

对银行的客户来说，一般银行还会提供各种优惠服务，如优惠手续费、礼品与优惠活动、优先购买、邮资理财咨询等，具体如下。

◆ **优惠手续费**：银行会对投资金额较大或者长期投资的客户实行各项理财内容手续费的折扣或者免除。

◆ **礼品与优惠活动**：在银行进行理财，一般会得到银行准备的各类精美礼物，或者各类消费折扣等。

◆ **优先购买**：如遇到收益很好的产品，客户通过银行理财团队或由理财师直接通知客户，银行会为客户预留该产品份额。

◆ **邮资理财咨询**：客户会在第一时间收到最新的理财咨询，还会被邀请参加银行定期开展的理财沙龙等活动。

除此外，一般银行还会提供优质存贷服务，如时刻提醒客户合理地管理所存款项；修正客户错误的存款计划；电话通知客户即将到期的定期存款等。

此外，优质的银行理财团队会熟悉贷款的所有业务，并合理地将理财与贷款结合。比如将贷款款项直接用于储蓄或购买进行理财，又如用所持理财作为资格证明辅助贷款等。

7.1.4 了解存款计息，获得最大收益

无论是哪一种投资，我们最终的目的都在于获得收益，银行储蓄也一样，在风险较低、保本的情况下，我们需要选择利息相对较高的存款类型。

而不同的银行储蓄的银行利息，我们一般通过存款利率来表示，它是一定时期内利息的数额同存款金额的比率，也叫存款利息率，是计算存款利息的标准。有年利率、月利率、日利率 3 种类型，其中，年利率按本金的百分之几表示，月利率按本金的千分之几表示，日利率按本金的万分之几表示。

在计算银行利息之前，我们需要对存款时的利率进行了解，如表 7-7 所示。

表 7-7　2018 年最新各大银行存款利率

银行／基准利率	活期（年利率%)	定期存款（年利率%）						通知存款（%）	
		三个月	半年	一年	两年	三年	五年	一天	七天
基准银行（央行）	0.35	1.10	1.30	1.5	2.10	2.75	—	0.80	1.35
工商银行	0.30	1.35	1.55	1.75	2.25	2.75	2.75	0.55	1.10
农业银行	0.30	1.35	1.55	1.75	2.25	2.75	2.75	0.55	1.10
建设银行	0.30	1.35	1.55	1.75	2.25	2.75	2.75	0.55	1.10
中国银行	0.30	1.35	1.55	1.75	2.25	2.75	2.75	0.55	1.10
交通银行	0.30	1.35	1.55	1.75	2.25	2.75	2.75	0.55	1.10
招商银行	0.35	1.35	1.55	1.75	2.25	2.75	2.75	0.55	1.10
浦发银行	0.30	1.50	1.75	2.00	2.4	2.80	2.8	0.55	1.10
上海银行	0.35	1.50	1.75	2.00	2.4	2.75	2.75	0.8	1.35
邮政储蓄银行	0.35	1.35	1.31	2.03	2.50	3.00	3.00	0.55	1.10
中信银行	0.30	1.50	1.75	2.00	2.40	3.00	3.00	0.55	1.10
平安银行	0.30	1.50	1.75	2.00	2.50	2.80	2.80	0.55	1.10
华夏银行	0.30	1.50	1.75	2.00	2.40	3.10	3.20	0.63	1.235
广发银行	0.30	1.50	1.75	2.00	2.40	3.10	3.20	0.63	1.235

本表提供的利率仅供参考，实际利率以银行公布为准，一般银行各地分行有权在银行官方存款利率的基础上根据自身情况去调整。即使是同一家银行，在各个地方的存款利率也会不一样。如果是选择定期储蓄，一般建议去银行柜台办理，同一家银行的不同存款渠道，如柜面、网上银行和手机银行，其定存利率上浮幅度有一定差别。

在知道银行利率的基础上，我们就可以计算相应的利息了，储蓄存款利息计算的基本公式为：利息 = 本金 × 存期 × 利率。在计算时我们要注意几点，如图 7-2 所示。

1	年利率 = 月利率 ×12（月）= 日利率 ×360（天）；月利率 = 年利率 ÷12（月）= 日利率 ×30（天）；日利率 = 年利率 ÷360（天）= 月利率 ÷30（天）
2	储蓄存款的计息起点为元，元以下的角分不给付利息。利息金额算至厘位，实际支付时将厘位四舍五入至分位。
3	除活期储蓄年度结算可将利息转入本金生息外，其他各种储蓄存款不论存期如何，一律于支取时利随本清，不计复息。
4	存期采取算头不算尾的办法。从存入日起算至取款前一天止，不论大月、小月、平月、闰月，每月均按 30 天计算，全年按 360 天计算。
5	存款的到期日，均按对年对月对日计算，如遇开户日为到期月份所缺日期，则以到期月的末日为到期日。
6	定期储蓄到期日，比如遇法定假期不办公，可以提前一日支取，视同到期计算利息，手续同提前支取办理。
7	外币储蓄存款利率遵照中国人民银行公布的利率执行，实行原币储蓄。其计息规定和计算办法比照人民币储蓄办法。
8	银行利息税是指以存款、有价证券等的利息所得为征税对象征收的一种税，目前国家规定储蓄存款利息暂免征收利息税。
9	应计利息的计算公式是：应计利息 = 本金 × 利率 × 时间。应计利息精确到小数点后两位，已计息天数按实际持有天数计算。

图 7-2

一般，对于银行利息的计算，可以通过各大银行官网的个人存款计算器计算，具体如下。

登录招商银行手机 APP，进入如 7-3 左图所示的页面，点击"全部"

按钮，进入如 7-3 右图所示的页面，在其中点击"理财计算器"按钮，进入下一步操作。

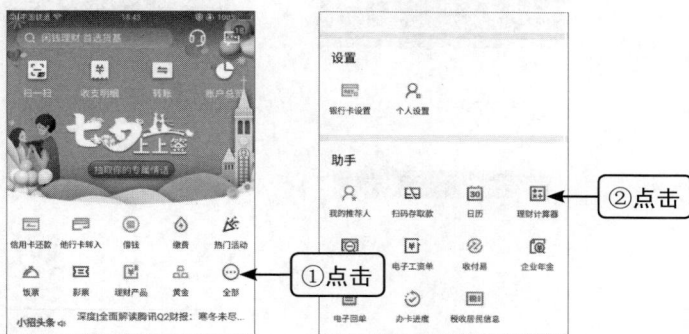

图 7-3

在打开的页面中点击"存款计算器"按钮，进入存款利息计算页面，输入存款金额，如 10 000 元，并对存款类型以及存期进行选择，选择完成以后，点击"计算"按钮，进入下一步操作，如图 7-4 所示。

图 7-4

在如 7-5 左图页面中，我们将得到相应的计算结果，如 10 000 元，整存整取一年的利息是 175 元，年利率为 1.75%，而同样的金额，存期不同，利息也存在不同，如都是整存整取，3 个月的利息就是 33.75 元，年利率为 1.35%，如 7-5 右图所示。

图 7-5

不同的银行,利率会在央行基准利率的基础上有一点浮动。因此,我们选择不同的银行利率可以存在细微的差别,所以银行利率多少,要根据银行公布的官方数据为准,当然我们也可以多比较几家银行,所谓货比三家,哪一家的定期利率更高,我们就选择哪一家。

7.1.5 零存整取,积累财富

对于工作不久或者积蓄不多的理财者,有一种理财方式特别适合,那便是零存整取。相对于整存整取的大笔存入,零存整取适合相对低收入者的积累存入。

它不需要像其他定期存款一样,一次存入 3 万元或者 5 万元,它的存款金额不定,类似于活期储蓄,但是又不同于活期储蓄,它可以积少成多,集零成整。对于理财者来说,具有更好的计划性、积累性、约束性,甚至资金的变现能力也较好,它可以像活期储蓄一样相对自由,但是利率比活期储蓄高,下面我们简单认识一下,如表 7-8 所示。

表 7-8　零存整取

项目	明细
定义	银行存款时约定存期、每月固定存款、到期一次支取本息的一种储蓄方式
开户起存金额	一般存入的最低限额为 5 元，每月存入，如果中途漏存，可在下月补存
存款期限	一般有 1 年、3 年、5 年
存款支取	到期一次性的支取本利息，提前支取时的手续比照整存整取定期储蓄存款有关手续办理
存款利率	利率按照开户日的零存整取利率计算，未到期前支取则按支取日的活期利息计算
利息计算	零存整取利息计算公式是：利息 = 月存金额 × 累计月积数 × 月利率。其中累计月积数 =(存入次数 +1)÷2× 存入次数

当我们选择零存整取时要注意，如果选择每月存入一次，那么在中途尽量不要漏存，即使漏存也要在次月补存，如果次月都未能补存的话，一般将视为违约。简单说就是不能连续两月漏存，违约后存在本金的一部分会有利息变动。

储蓄和其他理财一样，根本目的是为了获得利息，积蓄财富，那么零存整取的利息怎么计算呢？我们简单以案例的形式说明如下。

刘某，大学毕业的时候，在一家文化公司上班，月薪 3 000 元左右。刘某是个月光族，每月的吃饭、交通、电话费大约 1 000 元，他还不抽烟喝酒，但他不知道剩余的 2 000 元都用到了哪去。第二年工资增加了一点，而刘某也有了女朋友，于是开始有存钱的打算，为结婚娶老婆做准备。

但是积蓄不多，一个在银行上班的同学告诉他，如果他要选择储蓄的话，可以考虑零存整取，每月将工资的一部分存入银行账户，但是每月都要续存，不能中断。

他好奇地问同学利息是怎么算的，于是同学告诉他，根据公式利息＝月存金额 × 累计月积数 × 月利率。如果每月存 850 元，存 3 年，利息 ＝850×（12×3+1）/2×36×（2.75%/12）＝1 297.31 元。本息和 ＝850×12×3+1 297.31＝31 897.31 元。

通过如上的例子说明，如果我们一次性将同样的本金存入银行，利息为 2 524.5 元，虽然利息几乎是它的一倍，但是，它要求一次性存入 30 600 元，而非每月的 850 元，对于积蓄较少的家庭来说，可以减轻投入成本，而且方便操作。

7.1.6 巧用自动转存，不让财富流失

不管我们最终选择哪一种储蓄方式，都是有一定的存期，除了最短的通知存款，一般最长为 5 年，那么到期之后，我们该怎么办呢？一种是选择从银行里取出用于其他投资，还有一种就是选择继续留存银行，那么如果继续留存银行，需要再去柜台排队办理吗？

除了去柜台，一般在我们开立账户存入定期时，可以选择自动转存，那么当你的存款到期，银行将本利和继续转入下一期。首先，我们来认识一下什么是自动转存。

自动转存是定期存款自动转存的简称，是银行一种资金周转方式，当客户存款到期后，客户如不前往银行办理转存手续，银行可自动将到期的存款本息按相同存期一并转存，不受次数限制，续存期利息按前期到期日利率计算。简单举例说明如下。

彭某，大学毕业的时候，在一家地产公司上班，月薪 4 000 左右，3 年下来也有了一笔小积蓄，暂时无大的开支，于是他打算将该笔积蓄存入银行，存期为一年，本金为 30 000 元。存入当日的年利率为 1.75%，

在一年零 3 个月的时候，他进行支取，银行工作人员对于这期间的利息给他进行了详细的介绍。

他在 2017 年 5 月 18 日存入，到期为 2018 年 5 月 17 日，期间利息就为 30 000×1×1.75%=525 元，自动转存一次的（2018 年 5 月 18~2019 年 5 月 17 日）利息为（30 000+525）×1.75%=534.19 元。因为他是在 2018 年 8 月 17 日支取，再次转存后不到一个存期，即还未到 2019 年 5 月 17 日，银行将视同前一期逾期支取。因此前期利息不计入本金计算，他可支取的本息和为：30 000+525+30 000×0.3%/12×3=30 547.50 元。

通过如上的例子说明，如果我们选择自动转存以后，一定要注意如果不到新存期满就支取，该期间的利息将按照活期利率计算。

7.2 如何投资银行理财产品

各大理财公司者有自己的理财产品，商业银行同样如此，在银行存钱时可能会遇到，银行的客户经理推荐你购买某投资期限短、收益稳定，利息比银行储蓄利息高的某产品。各大商业银行都有，而且不止一种，它们统统都可以称为银行的理财产品，那么这些银行的理财产品要不要购买呢？首先，我们需要先简单了解一下银行的理财产品。

7.2.1 认识银行理财产品

银行理财产品简单说就是商业银行针对投资者推出的一些理财产

品，本质上是一种资金投资与管理计划。但银行只是接受客户的授权来管理资金，投资收益与风险由客户自己承担或客户与银行按照约定方式承担。对于银行理财产品，我们需要认识几个专用术语，如表 7-9 所示。

表 7-9　银行理财产品专用术语

术语	解释
计息日	也称为起始日，即该款理财产品计算利息的起始时间
募集期	募集期就是指银行理财产品从挂牌销售到开始计算利息之间的时间，一般为 3~5 天，有的可以达到 10 天左右
结算日	也称为产品的终止日与到期日，是该款产品到期结算停止计算利息的时间
清算期	清算期指结算日至本息到达投资者账户之间的时间，这段时间短则一天，长达 5~7 天

在了解术语之后，我们需要对产品做个简单的分类了解，一般可以分为三大类，具体如下。

（1）按风险划分

银行理财产品按照风险高低又可划分为如下四大类理财产品，具体如表 7-10 所示。

表 7-10　按风险划分的银行理财产品

风险划分	产品代表	产品特点
基本无风险	银行存款、国债	风险与收益都较低
较低风险	货币市场基金、债券基金	投资于同业拆借市场、债券市场
中等风险	信托类、结构性理财产品、外汇结构性存款	风险与收益都处于中间水平
高风险	QD Ⅱ 为代表的理财产品	高风险高收益

但无论是哪一种理财产品,风险与收益都成正比,都同高或者同低,具体选择哪一种,我们可以根据家庭的理财规划进行。银行的理财产品,除了根据风险划分,一般我们还可以根据产品的收益大小划分。

（2）按收益划分

投资的最终目的在于获得收益,那么银行理财产品根据收益来划分,则可以划分为保本收益和非保本收益两大类。而保本的理财产品,又可以分为两大类,保本型理财产品和保本浮动收益理财产品。

三大产品的特色、风险、收益都存在极大的不同,简单总结就是是否能保住本金和稳定收益的问题,简单了解如表 7-11 所示。

表 7-11　按收益划分的银行理财产品

产品名称	产品特点	风险与收益
保本型理财产品	固定收益理财产品、最低收益浮动收益理财产品	风险较低、收益稳定
保本浮动收益理财产品	保本浮动收益类理财产品又被称为"结构性存款",它是由普通存款和衍生产品组合而成	它的风险主要来自于衍生产品这一部分,收益是与汇率、利率、债券、一篮子股票、基金、指数等金融市场参数挂钩的
非保本浮动理财收益产品	该产品投资渠道主要是期货、股票等市场,近年来发展速度很快,已经成为银行发行的主要理财品种	银行根据约定条件和实际投资情况向客户支付收益,但并不保证本金安全,投资者自行承担风险

（3）按投资币种划分

根据币种可以划分为两大类,人民币理财产品和外币理财产品,下面分别介绍。

人民币理财产品是指银行通过发行国债、金融债、央行票据等的投资收益为保障，面向客户发行，到期向客户支付本金和收益的低风险理财产品，不仅收益高而且安全性高。其具体的产品又包括表 7-12 所示的几种。

表 7-12　按投资币种划分的银行理财产品

产品名称	产品特点	风险与收益
债券类产品	主要投资于国债、央行票据、政策性金融债等也投资企业债、企业短期融资券、资产支持证券等信用类工具	投资风险较低，收益比较固定
信托类产品	投资于商业银行或由其他信用等级较高的金融机构担保回购	本金不能保证，但产品收益稳定，风险相对较小
结构性产品	以拆解或组合的衍生性金融商品，如股票、利率、指数等，或搭配零息债券的方式组合而成的各种不同回报形态的金融商品	一般不以理财本金作投资，仅用利息部分，大多为100% 保本，产品收益与挂钩标的有某种关系，通过公式等反映在合同上
新股申购类产品	集合投资者资金，通过机构投资者参与网下申购提高中签率。专门用于投资欣赏的股票	本金不能保证，和新股申购获利有关，风险中等

与人民币理财产品相对应的就是外币理财产品，它是通过多种货币的理财，期限较短、利息较高的一种理财产品，如光大银行发行的美元一年期的固定收益理财产品，预期年化收益率为 7.2%；港币一年期固定收益理财产品，预期年化收益率为 6.5%；招商银行发行的 3 个月的理财产品，预期年化收益率为 5.0%。

7.2.2　计算银行理财产品的收益

在对银行理财产品有了简单认识后，接下来就需要对产品的利息进行简单计算。

银行理财产品利息计算适用的公式为：利息 = 本金 × 预期年化收益率 × 期限（天数）/365。如某投资者购买了 5 万元的银行理财产品，期限为 122 天，预计年度收益率为 3.6%，那么根据公式可得，利息就为 601.64 元。

当我们在计算利息时要注意如下 3 点。

①银行理财产品到期后是自动将本息划转到储蓄账户，如果没有支取，会按照活期利息进行计算。

②有一类理财产品，在到期日当天需要储户自行兑取，如果没有在当日进行兑取，过去的期限全部算作活期利息。

③银行理财产品一般是不允许提前支取的，只有少见的个别产品允许提前支取，注意看产品说明书。而且这类产品提前支取后是没有任何利息的。

所谓收益与风险并存，我们在计算产品收益的同时，也要规避一定的风险，具体如下。

- ◆ **市场风险**：理财产品募集资金将由商业银行投入相关金融市场中去，金融市场波动将会影响理财产品本金及收益。
- ◆ **托付管理风险**：某些托付银行直接购买理财产品的投资者，会因产品好坏、受托人理财水平、银行管理水平等因素造成损失。
- ◆ **信用风险**：如果一款理财产品的投资与某个企业或机构的信用相关，那么理财产品就需要承担企业相应的信用风险。
- ◆ **流动性风险**：有些理财产品期限较长，理财产品投资期间，投资者变现能力较低，同时产品的流动交易也较弱。
- ◆ **通货膨胀风险**：在通货膨胀时期，货币的购买力下降，理财产品到期后的实际收益下降，亏损本金。

◆ **政策风险**：由于某些金融监管政策以及理财市场相关法规政策影响，导致理财产品收益降低甚至理财产品本金损失。

任何投资都有风险，银行理财产品也一样，我们可以选择规避相应风险，并且我们在自己的投资经验或者前辈的基础上，运用一定的购买技巧。

7.2.3 银行理财产品购买技巧

任何一种投资的最终目的都在于实现利益的最大化，而在实际投资中会因为投资经验不足或专业知识不强，损失一部分利益。那么，可以通过掌握一定的投资技巧来实现利益的最大化，下面简单以案例说明如下。

罗某工作有一笔积蓄 10 万元，他打算存于银行定期，可是在银行工作人员的介绍下，他打算购买该银行的理财产品，但是却在选择品种时犯了难。

此时工作人员给他提供了 4 款理财产品进行比较选择，具体如表 7-13 所示。

表 7-13　4 种银行理财产品

产品序号	起点金额	存期	预期收益	产品特点	实际收益
产品 1	5 万元	42 天	3.8%	保本收益	3.8%
产品 2	5 万元	38 天	3.6%	非保本浮动收益	3.4%
产品 3	10 万元	200 天	5.0%	保本收益	5.0%
产品 4	20 万元	212 天	5.2%	非保本浮动	5.2%

利息 ＝ 本金 × 预期年化收益率 × 期限（天数）/365

根据公式，当选择"产品 1"时，收益约为 437.26 元；

选择"产品 2"时，收益约为 374.79 元；

选择"产品 3"时，收益约为 2 739.73 元；

选择"产品 1、2"组合时，收益约为 406.03 元；

如例所示，在投资期限较短时，可选择组合投资，收益相对单一投资要高。在计算实际收益率的时候会有各种不同的情况，但在选择的时候，风险高、时间长的产品投资量最好不要超过总投资的 50%，低风险、时间短的产品投资量也不要超过总投资量的 50%。

在选择投资产品时都有哪些小技巧呢？简单总结如图 7-6 所示。

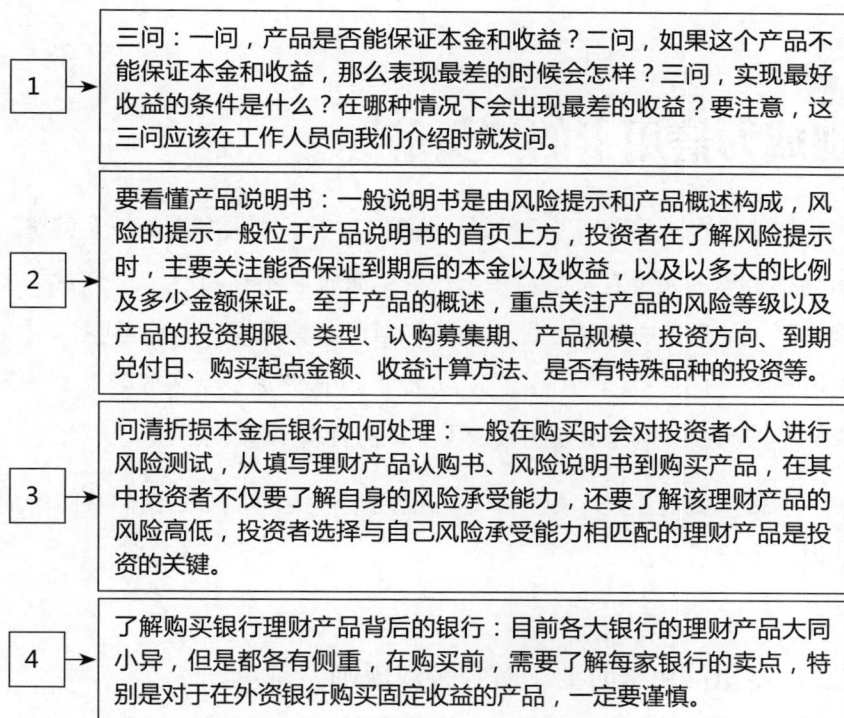

1	三问：一问，产品是否能保证本金和收益？二问，如果这个产品不能保证本金和收益，那么表现最差的时候会怎样？三问，实现最好收益的条件是什么？在哪种情况下会出现最差的收益？要注意，这三问应该在工作人员向我们介绍时就发问。
2	要看懂产品说明书：一般说明书是由风险提示和产品概述构成，风险的提示一般位于产品说明书的首页上方，投资者在了解风险提示时，主要关注能否保证到期后的本金以及收益，以及以多大的比例及多少金额保证。至于产品的概述，重点关注产品的风险等级以及产品的投资期限、类型、认购募集期、产品规模、投资方向、到期兑付日、购买起点金额、收益计算方法、是否有特殊品种的投资等。
3	问清折损本金后银行如何处理：一般在购买时会对投资者个人进行风险测试，从填写理财产品认购书、风险说明书到购买产品，在其中投资者不仅要了解自身的风险承受能力，还要了解该理财产品的风险高低，投资者选择与自己风险承受能力相匹配的理财产品是投资的关键。
4	了解购买银行理财产品背后的银行：目前各大银行的理财产品大同小异，但是都各有侧重，在购买前，需要了解每家银行的卖点，特别是对于在外资银行购买固定收益的产品，一定要谨慎。

图 7-6

在购买银行理财产品时，看懂说明书很重要，它是双方的一个合约条款，所以当出现利益问题时，都以该条款为依据。

当投资者在阅读银行理财产品的说明书时，会遇到一些专业的金融词语，那么如果投资者无法理解，就不要轻易下购买的决定，特别是对一些本金收益的词语看不懂时。

如"银行只能保证说明书承诺的收益"就意味着该款理财产品是保证本金和收益的，当投资者看不懂产品说明书时，可以请理财经理给予解释，解释清楚后才决定是否购买。

7.3
别成为信用卡的"负翁"

与流行的剁手族相当的便是"负翁"一族，有很多人都是大负翁，毕竟哪个年轻人没有几张信用卡。而如果控制不住自己，每个月"喜刷刷"，结果还账的时候，小伙伴们自己都惊呆了，怎么办呢？工资卡还不上，再来一张信用卡，实现以卡养卡，最终又一个名词诞生了——卡奴。据调查，现在卡奴的数量不少，而且越来越年轻化。

不管是负翁还是卡奴，都是因信用卡形成的，那么我们就简单地认识一下信用卡。

7.3.1 使用信用卡时要了解"游戏规则"

信用卡是一种非现金交易付款的信贷服务，商业银行向个人和单位发行，凭此卡向特约单位购物、消费和向银行存取现金，具有消费信用的特制载体卡片，其形式是一张正面印有发卡银行名称、有效期、号码、持卡人姓名等内容，背面有磁条、签名条的卡片。

使用信用卡时，我们一定要了解几条游戏规则，如图 7-7 所示。

1	→	控制信用卡数量：建议只有 1~2 张信用卡就足够了，信用卡多了，容易记错还款日期，从而容易造成逾期还款。
2	→	减少提现：信用卡具有透支和提现两种功能，但提现需要一定比例的手续费，即使你转账到了信用卡。
3	→	保留刷卡凭证：很多人的信用卡是没有密码的，随意丢弃刷卡凭证可能导致信用卡被盗，从而给生活造成麻烦。
4	→	从需求出发：很多公司都和银行都有捆绑合作业务，有些卡可以在指定商户打折，包括用餐、电影、拖车服务，所以要从实际需求出发。
5	→	巧用免息期：一般银行都具有 50~56 天的免息期，当然最短的也有 20 天，在办理时要确定。
6	→	最高消费额度：一般不建议消费超过额度，刷爆信用卡，这样可能享受不到银行的免息期，而且也将给还债带来压力。
7	→	还款日期：如果到还款日期，因为特殊原因无法还款，可以打电话给银行的信用卡客服热线，说明情况，要求延迟还款 1~2 天。
8	→	最低还款额：账单如果不能全部还款，将存在最低还款额，只要还足最低还款额，银行视为正常还款，不会影响信用记录。

图 7-7

除了如上规则，我们还需要注意，信用卡通常仅限于持卡人本人使用，外借给他人使用一般是违反使用合同的。当我们对于游戏规则有了一定的了解，接下来就是如何使用信用卡了，比如换积分！

7.3.2 巧用信用卡刷卡获积分

在网购的今天，不管是唯品会、天猫、淘宝，只要我们消费就有积分，甚至包括线下的一些商场专柜或者超市都有消费积分，信用卡也一样，而且不同银行的信用卡，消费获得的积分不同。

对于各大银行信用卡积分，我们简单总结如表 7-14 所示。

表 7-14　各大银行的信用卡积分

银行	消费积分	取现	积分合并	积分有效期
中国工商银行	1 元人民币 =1 分；1 港币 =1 分；1 美元 =8 分；1 欧元 =10 分	无积分；购房、购车、批发、网上交易等交易不积分	同一客户在同一地区办的不同卡之间积分可以合并	两年，多数是无限期的
中国银行	1 元人民币 =1 分；1 美元 =8 分	无 1 元人民币积 1 分；购车每 100 元人民币积 8 分；购房每 100 元人民币积 6 分	同一持卡人名下的中银系列卡积分和长城国际卡积分都可合并使用；主卡及附属卡的分数合并在主卡账户中使用	中银系列信用卡两年，长城人民币卡积分长期有效
交通银行	1 元人民币 =1 分；1 美元 =8 分	无积分；购房、购车、批发、医院、学校等交易不积分	同一主卡持卡人名下的多张信用卡积分可合并；联名卡不可与非联名卡积分合并；不同种类的联名卡积分不可合并	至少一年，最长两年
中国民生银行	1 元人民币 =1 分；1 美元 =8 分	无积分；购房、购车、批发、医院、学校、网上交易等不积分	同一持卡人名下的多张信用卡积分可合并；主卡与附属卡的积分合并计入主卡账户下	永久有效
中国农业银行	1 元人民币 =1 分；1 美元 =8 分	无积分；购房、汽车、医院、批发、学校不积分	同一持卡人名下的多张卡积分不可合并；主卡及附属卡积分可合并	永久有效

续表

银行	消费积分	取现	积分合并	积分有效期
招商银行	20 元人民币 =1 分；2 美元 =1 分	20 元积 1 分；在房产、汽车、批发、医院、学校等交易不积分	同一持卡人名下的多张信用卡积分可合并；主卡和附属卡积分可合并	永久有效
中信银行	普卡 1 元人民币 =1 分；1 港币 =1 分；1 美元 =8 分；金卡、白金卡翻倍	积分与消费相同；房产、汽车、批发、医院、学校等不积分	同一持卡人主账户下的积分可以合并使用	至少一年，最长两年
兴业银行	1 元人民币 =1 分；1 美元 =7 分	人民币 1 元积 1 分，1 美元积 7 分；房产、汽车、批发、医院、学校等不积分	同一持卡人名下的多张信用卡积分可合并	永久有效

注：本资料数据来源于利率表信息网，数据仅供参考

如上表所示就是我们常见的一些信用卡积分，当我们知道这些数据以后，在刷卡消费时就可以注意。

7.3.3 了解"超长免息期"，获得最大收益

信用卡的免息期一般是 51 天，到了时间必须要还清欠款，很多人说信用卡的免息期太短了，只有 51 天，资金还是周转不过来，能不能延长一下免息期呢？当然是有办法的了，要通过合理合情合法的小技巧来实现，如下面的案例，简单了解一下。

周某有一张信用卡，账单日是 5 日，它的还款日为 25 日，正常情况下的免息期时间为：5 日消费刷卡，在下个月的 25 日还款，免息周期为 50 天。然而周某在下个月 4 日修改账单日为每个月的 3 日，还款

日为 23 日，那么周某 5 日号的消费是在下个月再下个月的 23 日还款。这样周某的免息期可以达到 77 天。

上面的例子说明，账单日的设置可以给我们带来一定程度的超长免息期，但前提是了解各大银行的账单日修改规则，具体以常用信用卡银行为例说明如表 7-15 所示。

表 7-15　账单日修改时间

银行	修改日期
交通银行信用卡	账单日是随系统生成的，用户在有效期内只有一次修改机会，因此如果想更改账单日，一定要提前想好改到哪天
民生银行信用卡	信用卡账单日为每月的 1 日、3 日、6 日、9 日、13 日、16 日、21 日、26 日、28 日，你可以根据自己的情况来选择，民生银行的信用卡每一个自然年可以更改一次账单日
招商银行信用卡	信用卡账单日可以设置成每月的 5 日、7 日、10 日、12 日、15 日、17 日、22 日、25 日，卡友可以根据自己发工资日期或其他情况来设置，确定好了通过信用卡客服来修改账单日即可
中国银行信用卡	如果想更改中行信用卡的账单日，每月 1 日~28 日都可以选为账单日，但是一个自然年只能修改一次
兴业银行信用卡	信用卡可选的账单日有每个月的 2 日、4 日、8 日、11 日、13 日、18 日、21 日、23 日，一年有两次更改账单日的机会。但是，如果办了分期业务，账单日是不能更改的

不管免息期的时间长短，最后我们都是要归还的，有借有还，只是可以暂缓资金周转困境。但是一定要记得按时还款，因为信用卡是要上征信的，而征信记录的好坏将影响将来的购房、购车等，因此要谨慎。

第**8**章

用好投资工具，提升理财效率

任何一个将军，在上战场之前，一定需要选择他的兵器，士兵也如此，理财更是如此。那么作为理财者来说，理财的兵器是什么呢？各种投资工具，比如股票、债券、基金与保险等。

如何选择一只好股票？如何做新股？如何避免股票操盘小陷阱？

债券怎么选？网购怎么操作？债风险怎么避？

怎么选基金？投资误区有哪些？有没有小秘诀？

保险怎么买？投保小误区？如何理赔？

想知道答案吗？请看本章详细讲解。

淡定入股市，远离疯狂投资

有人说，股市就是一次赌博，完全是运气，但是并不是每个人都能拥有那么好的运气，所谓三分天注定，七分靠打拼，任何的成功都是打拼而来。有人在股市一败涂地，有人在股市发家致富，有人望股止步，有人屡战屡败，屡败屡战。所谓股市有风险，入股需谨慎。

8.1.1 做好准备，走入股市

在入股市之前，我们应了解什么是股票、股票基本常识、股票常用术语等。股票是一种有价证券，是股份有限公司为了筹集资金，公开或私下向出资人发行的凭证，投资者通过拥有该公司的股票，即成为公司股东，可以分享公司的收益，但同样也得和公司一起承担风险。

股票有三大种类，一是按照上市的区域不同，可以分为 A 股、B 股、H 股、L 股、N 股等；二是按照投资者的主体不同，可以划分为国家股、法人股、公众股；三是根据公司可分配的盈余资产的先后顺序不同，可以分为普通股和优先股。常见的股票分类说明如表 8-1 所示。

表 8-1　股票分类

类别	描述
A 股	称为"人民币普通股票"，是由境内注册公司发行，规定以人民币进行交易，供我国境内（不包含香港、澳门和台湾地区）机构和个人买卖的股票

续表

类别	描述
B 股	名称为"人民币特种股票"，也是由境内注册公司发行的股票。它以人民币标明面值，供我国境内居民以外币进行交易。其中上海上市的 B 股以美元报价，深圳上市的 B 股以港元报价
H 股	我国股份有限公司在内地注册，并在中国香港上市发行的外资股
L 股	在我国内地注册，在伦敦上市发行的外资股
N 股	在我国内地注册，在纽约上市发行的外资股

除了上述的划分方式之外，在股市我们还常常听到如蓝筹股、成长股、垃圾股等的名词，那么它们又是怎样定义的呢？如表 8-2 所示。

表 8-2　股票分类

类别	描述
绩优股	公司业绩良好，上市后净资产收益率连续 3 年超过 10% 的股票
成长股	销售额和利润持续增长，且速度快于本行业其他公司的股票
垃圾股	与绩优股相对，指股票的发行公司业绩较差，公司净资产出现连续亏损的现象
红筹股	指在境外注册，在中国香港上市，但其 30% 以上股权隶属于中国内地有关部门或企业掌控的公司发行的股票
蓝筹股	通常将那些盈余稳定，能定期分配较优厚股息，被公认为业绩非常好的公司发行的股票称为蓝筹股
热门股	关注度高、交易量大、流通性强、价格变动幅度较大的股票
冷门股	与热门股相对，指那些少人关注、交易量小甚至无交易、流通性差、价格变动幅度小的股票
龙头股	通常指在某一时期内对同行业板块的其他股票具有影响力和号召力的股票

对于上表的股票含义，我们还可以称之为专业的股票用语，那么还有哪些股票专用术语是我们需要了解的呢？详见表 8-3 所示。

表 8-3　股票专业用语

术语	描述
牛市	指市场行情普遍上涨并延续较长时间的大升市，也称多头市场
熊市	市场行情普遍看淡且持续时间相对较长大跌市，也称空头市场
多头	投资者预计股价将会上涨，从而低价买进股票，待股价上涨到某一价位时卖出，从中赚取差价。其表现为一连串的大涨小跌
空头	投资者预测股价将会下跌，从而将现有股票卖出，等股价跌到某一价位时再买进，从中赚取差价，表现为一连串的大跌小涨
诱空	指主力、庄家认为股市行情看好，在买入股票的同时制造股价将下跌的假象，使其他投资者卖出股票的行为
踏空	投资者认为股价会继续下跌而没能及时买进股票，然而股价却一路上涨，使投资者失去了最好的赚钱机会
短多	预测股价将上涨而买进大量股票，短期保持后即将其卖出
长多	预测股价定会上涨从而买进大量股票并长时间持有，待股价上涨到一定价位时再卖出，从中获取高额差价
多翻空	原来对股市前景非常看好，突然改变看法而将手中的股票大量卖出的行为
诱多	指主力、庄家故意制造股价将上涨的假象，使部分投资者以为股市形势看好，从而大量买进股票的行为
套牢	有多头套牢和空头套牢两种。多头套牢是指买入股票后，股价一直下跌，不亏本卖出而持有股票等待股价上涨的情况；空头套牢是指预测股价将下跌而将股票卖出，结果股价一路上涨的情况
僵牢	指股价在一定时期内出现既不上涨也不下跌的情况
行情停滞	指股价不涨也不跌，投资者持观望态度而不出手的现象
零股交易	指不足 1 手的交易。股市中买卖股票的最小单位是手，1 手 = 100 股，当卖出的股票不足 100 股时，可用零股进行委托，但买入股票时最低为 100 股
打底	股价在最低点经过重复的小涨小跌，最后突破最低点而上涨的情况
散户	资金少，从事少量股票买卖的投资者
大户	资金实力雄厚、股票买卖量大且有丰富实践经验的投资者

续表

术语	描述
机构	依法从事股票交易的法人，如证券公司、保险公司等
庄家	资金实力雄厚，持有某只股票 10%～30% 的股权，通过控制股票走势和股价变化而获取利润的投资者
主力	有很强的经济实力，可通过股票买卖来影响两个股市行情的投资力量
盘整	股价经过一段时间的大涨大跌后，进入稳定的小幅波动状态的现象
反弹	股价在下跌过程中，受到买家支撑，出现短暂的价格上涨现象
反转	从大势来讲，指股市由牛市转为熊市或由熊市转为牛市。简单来说就是指股价由上涨转为下跌或由下跌转为上涨
建仓	投资者预测股价将上涨而买进股票
仓位	投资者已经投入的资金与总投资资金的比例
囤仓	大量买入股票而不急于卖出
持仓	保持手中的股票不买也不卖，等待时机
轻仓	在计划投资资金和已投资资金中，已投资资金占比重较轻（大部分为现金）
重仓	在计划投资资金和已投资资金中，已投资资金占比重较重（大部分为股票）
满仓	将所有计划投资资金全部买为股票，已无现金
半仓	将计划投资资金的 50% 买成股票，留下 50% 现金备用
平仓	指买进原卖出的股票，卖出原买进的股票，保持现金与股票所占比例不变
斩仓	又称"割肉"，指将买进的股票亏本卖出
全仓	指将所有计划资金一次性创建或平仓，没有剩余现金
倒仓	庄家自身或庄家与庄家之间进行股票的转移
补仓	以新的价格买入已有的某只股票，以增加股票所占比例，可降低平均成本
黑马	在一定时间内，股票的价格上涨一倍或几倍的股票

续表

术语	描述
白马	股票的价格有上涨趋势，且上升空间很大的股票
最高／低价	指在当天的各种成交价格中最高（低）的成交价
涨跌	每个交易日的收盘价与前一交易日的收盘价相比来决定股票的涨跌，高于前一交易日收盘价为涨，用"+"表示，反之为跌，用"−"表示
涨停板价／跌停板价	为了防止股票在公开竞价的过程中出现暴涨或暴跌，引起过分的投机现象，证券交易所限制了每只股票当天的价格涨跌幅度，当股票上涨（下跌）到限定价格后将不能再上涨（下跌），股市中将这种现象称为停板。当天的最高限价称为涨停板价，而当天的最低限价被称为跌停板价
集合竞价	在每个交易日开盘之前的 9:15~9:25 之间，由交易主机提供有效报价的买卖委托集中起来撮合交易，以达到最大成交量的价格作为最终成交价格，同时也用做当天的开盘价
开盘价	每个交易日的开盘价通常由集合竞价产生。对于集合竞价未产生最终结果的情况，沪深两市对开盘价都有不同的规定
开低盘	当日开盘价比上一交易日收盘价低
高（低）开	当日的开盘价高（低）于前一交易日的收盘价
平盘	通常指股票的现价与前一交易日收盘价相同的现象。开盘价与前一交易日收盘价相同称为开平盘；收盘价与前一交易日收盘价相同称为收平盘
买盘	以比当前市价更高的价格进行委托买入，并已经达成成交的一种行为
卖盘	以比当前市价更低的价格进行委托卖出，并已经达成成交的一种行为
洗盘	指庄家大户为了减小拉升股价的阻力、降低拉升成本，利用手段将股价大幅降低，吓跑一些意志不坚定的散户并接收他们抛售股票的行为
杀跌	主力或庄家在股价下跌的过程中抛出股票，使股价继续下跌
崩盘	由于某种原因造成股票大量抛出，接货能力相当低，从而导致股价无限制地下跌，何时停止无法预测
震盘	股价在一天中出现忽高忽低的大幅波动现象

续表

术语	描述
红盘	当日收盘价高于上一交易日收盘价
全盘尽黑	当日所有股票都呈下跌状态
护盘	庄家或主力在股市低迷时期买进股票，带动中小投资者跟进买入，刺激股价上涨的一种操作手法
扫盘	指庄家或主力不计成本，将卖盘中的挂单全部吃掉的行为
砸盘	砸盘分为两种情形，一是庄家主力为了拉升股价，先大量抛出手中股票，造成一种股价下跌的假象，使一些散户或跟风者退出；另一种是庄家达到做庄目的后，大量抛出股票，达到出逃的目的
盘档	指股市无新鲜血液输入，股价波动幅度很小，持续时间较长
盘坚（软）	股价缓慢上涨（下跌）
盘口	在股票交易过程中，具体到个股的买进或卖出的 5 档或 10 档交易信息
盘体	描述整个股市行情形状的俗称
升高盘	开盘价比上一交易日收盘价高出很多
支撑线	又称抵抗线，指股价在下跌过程中，做空头的投资者都认为已经有利可图而买进股票，使股价停止下跌甚至回升时的关卡

不管股票怎么分类，股票术语有哪些，股票一经买进，就不得以任何方式要求股票发行人退还入股本金，投资者只在证券市场进行买卖或转让。

8.1.2 如何选中一只好的股票

在如今投资市场和股票市场都不景气的情况下，如何选择一只好的股票成为必要。如何选？好的对立面就是坏，只要我们知道不能下单的情况，那么选择的结果就不会太坏。

一定要注意，如图 8-1 所示几种情况不能下单。

1	如果企业内部业绩较差、应付账款较多、面临诉讼、重组等，则这样的企业股应该远离，持有该企业的股，可能会将你拉入跌价的深渊。
2	如果某一只热门股只是从外部得来的消息，而非自己深入研究的，如果一直跌，最后只能忍痛抛出，成了地板价。
3	对于短期内已经连续下跌，而且还存在下跌的可能，而且一般连续暴跌过的个股此时购买价格也不会便宜。
4	相对来说，很多投资者喜欢去博 10% 的反弹，但往往总是与反弹的时机擦肩而过，错过了时间也没有等来白马。
5	如果投资者在下跌的股市中，还在继续跟单，那么就是企业前景良好或是企业的内部价值大于股价，如果投资者跟单了，那么就要稳拿稳卖。
6	作为一般的非专业炒股者，我们只能通过看盘来决定时机，而看盘的重点是先看大市，很多投资者会抛开大市热衷于个股，但是事实证明不理想。
7	如果企业的前景较差，那么随着它经营得越来越困难，我们手里持有的股票也会存在隐患。
8	在没明确自己能承受多少亏损前不下单，事先有个心理准备，那么当股市持续下跌时，才能保持理智。

图 8-1

除了如上的情况，在股市买卖中，理智很重要，如果不能理智对待，那么不管是买入还是抛出都可能存在问题。如果投资者要下单，那么投资者就先要把情绪稳定下来。

一般在股市里还存在牛市和熊市的说法，那么在牛市和熊市里如何选择一只相对较好的股票呢？

◆ **涨停介入**：在大牛市环境中，有些股票可能连续出现几个涨停，因此，涨停介入的方法是短线投资的首选方法。

◆ **新高介入**：当个股突破历史高点时，预示着股价的上涨趋势来到，相对来说，股价的突破点位置正是多数投资者追涨的绝佳位置。

◆ **紧握龙头**：若要参与龙头股的操作，必须要了解龙头股震仓洗盘的全过程，只要龙头股还处在上升浪中，就要坚持握股，不能频繁换股。

◆ **阻力介入**：股价在一段时间内上涨到某一点后又回调下落，始终未能突破该价位，此价位即是强阻力位，一旦股价突破，上涨速度将非常迅猛。

◆ **趁火打劫**：一旦利空消息宣布后，开盘通常都会逆市下跌，若逢低吸入，一般都会有较好的收益。

在牛市里我们更看重股价的走势，而在熊市里，我们更多注重选股的质量，一般不建议对任何股票进行操作，如果要选择则可以从以下 3 个方面参考。

◆ **熊市后暴跌的股票**：投资者可以选择一些跌无可跌的股票，因为此时该股票会存在反弹的机会。

◆ **股票发行公司发行前景良好**：一般适合习惯中长线投资者购买，以低价购买一只优质股，等待上涨的时机。

◆ **有主力资金介入**：如果投资者能把握机会，以比主力资金更小的成本介入，那么就能实现获利的机会。

以上的建议仅供参考，投资者还需要根据自己的投资经验以及风险承受能力合理选择。还是那句话，股市有风险，买卖需谨慎。

8.1.3 做新股"风险小，回报高"

在投资市场不景气的情况下，股市中很多人选择了另一片江湖——打新股，那什么是"打新股"呢？

"打新股"就是投资者用手里的资金参与某公司、某集团新股的申购。如果中签，那么就买到了即将上市的股票，而申购的这一系列的过程就叫做打新股。

那么该如何参与打新股呢？打新股一般需要经历以下几个阶段。

（1）申购

新股发行的当天就为 T，个人投资者一般采用网上申购的方式申购新股。在两大交易所网上申购的流程基本相同，但投资者在申购前，一定要对此次发行的新股的时间、价格、上限额度等有一个具体的了解，简单举例如下。

李某的股票账户余额有 2 万元，如果他打算参与打新股的申购，某只股票 10 月 9 日在上交所发行，发行价为 5 元 / 股，那么他可以在 10 月 9 日的 9:30~11:30 或者 13:00~15:00，通过自主交易系统用账户里的 2 万元，上限申购 4 000 股。

（2）配号

申购后的第二日即 T+2 日，交易所会根据申购的总量，开始配售新股，当申购的数量已经达到网上发行量时，配号就是中签的号码。申购的投资者较多时，则需要通过摇签的方式，确定中签号码，此时，账户资金也被冻结。

（3）中签

确定自己是否中签一般有两种方式，一是将自己的配号与交易所公布的中签号对比；二是通过系统，在第二日，即 T+3 日查询资金到账还是新增股票。一般交易所会根据摇签的方式，确定中签号码，并在次日公布，而每一个的中签的号码可以认购 1 000 股。

（4）资金解冻

在申购后的 T+4 天，对于未能中签的账户余额会被解冻，当在申购的 T+1 日，投资者可以打印"买入"交割单。如果投资者申购成功，则打印出的就是"卖出"申购款。它与股票买卖交易的程序不同，只是交易所返还投资者余款的一种形式，如投资者申购新股 10 000 股，中签 2 000 股，则会在最终的交割单显示"卖出 10 000 股"及"买入 2 000 股"。

对于新股，要理智对待，一切从实际出发，根据市场分析以及收益预测，做出适当的决策。一般建议投资者选择暂时冷门，但未来可能会大涨的股票，相对会更好。

8.2
债券，稳健投资者不二选择

并不是每一个投资者都适合股市，能受得起股市的惊心动魄。对于很多家庭来说，资金的结余并不多，并不能承受股市的高风险。那么他们该选择哪一种投资理财工具呢？答案是债券，它是稳健投资者的不二选择。

8.2.1 购买前对债市进行风险评估

任何投资都有风险，只是风险高低而已，债市也如此，没有一种债券毫无风险，但是我们可以在投资前，对债市做一个简单的风险评估。古语有云：知己知彼，百战百胜。

评估风险的前提是我们要知道债市存在的风险有哪些，然后才能做相应的应急预估，债市风险简单介绍如图 8-2 所示。

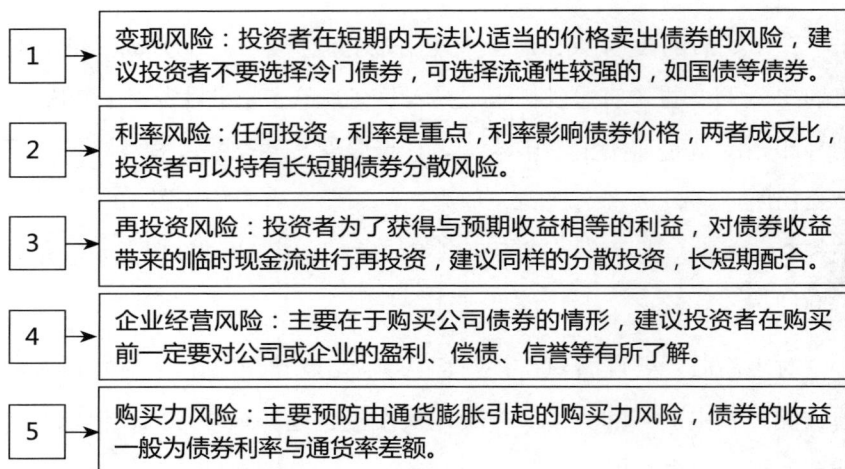

1	变现风险：投资者在短期内无法以适当的价格卖出债券的风险，建议投资者不要选择冷门债券，可选择流通性较强的，如国债等债券。
2	利率风险：任何投资，利率是重点，利率影响债券价格，两者成反比，投资者可以持有长短期债券分散风险。
3	再投资风险：投资者为了获得与预期收益相等的利益，对债券收益带来的临时现金流进行再投资，建议同样的分散投资，长短期配合。
4	企业经营风险：主要在于购买公司债券的情形，建议投资者在购买前一定要对公司或企业的盈利、偿债、信誉等有所了解。
5	购买力风险：主要预防由通货膨胀引起的购买力风险，债券的收益一般为债券利率与通货率差额。

图 8-2

除了如上的几种风险，一般还存在违约风险，特别是一些公司债券，可能出现到期不能支付给投资者本利息的情况。一般只有国债不存在违约风险，对风险的预测与评估可以根据自己的投资经验，也可以借用市场理财专家对于风险的评估结果，这个评估结果可借鉴但不可完全使用。

8.2.2 债券种类有哪些

当风险预估完成，接下来就需要对投资的产品有一定的了解了，债市如同一个大超市，里边的东西很多，但并不是我们都一定需要且能支付的，我们需要选择购买家庭最紧急最需要的东西。

债市也如此，品种太多，但并不是每一个品种都适合投资，风险、收益、上市与否等不同，购买人群也不同。那么债券可投资的产品有哪些呢？

一般债券的产品我们可以分为投资品种和衍生品种两种，如表 8-4 所示的是债券投资品种。

表 8-4　债券投资品种

项目	描述	项目	描述
债券形态	实物、记账、凭证债券	记名与否	记名债券、不记名债券
利息计算	单利，复利，累进利息	利息支付方式	零息、定息、浮息
上市与否	非上市债券，上市债券	能否转换	可转换；不可转换
担保财产	抵押债券、信用债券	偿还方式	一次到期、分期到期
发行主体	政府债券、金融债券、企业债券	能否提前偿还	可赎回、不可赎回

而根据如上的投资品种，在债券市场还因此衍生出一系列的债券衍生品种，具体如表 8-5 所示。

表 8-5　债券衍生品种

项目	描述
发行人选择权债券	主要指是否赎回已交易的债券由发行人决定
本息拆离债券	一般出现在一级发行市场，就是债券最初交易的市场，在自由流通市场时，一般作为零息债券
可调换债券	可通过它来实现不同债券的转换，按确定的价格将投资者手里的债券约定买卖转换为其他类型证券的债券
投资人选择权债券	债券买入者与债券卖出者，可以在交易时约定在一定时间后赎回该债券，而最终债券是否赎回取决于债券买入者

一般我们在购买债券时，都不会单独购买一种债券，毕竟，鸡蛋不能放在一个篮子里，投资风险要分散。

8.2.3 网购国债小程序

相对来说，国债不管是风险还是收益都比较平稳，所以也成为理财者的首选，在网购快速发展的今天，国债我们也可以网购。

首先，我们需要登录个人网银，如这里在中国工商银行官网首页单击"个人网上银行登录"按钮，进入登录界面，接着输入个人账号、密码和验证码，最后单击"登录"按钮，如图 8-3 所示。

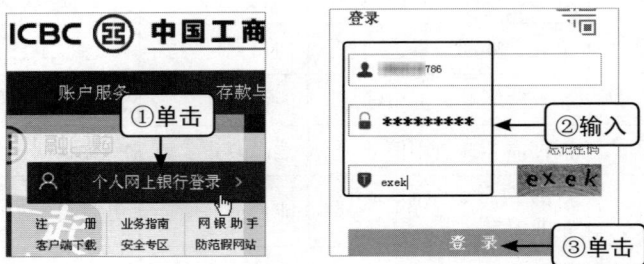

图 8-3

在打开的页面中单击"网上国债"超链接，进行国债的选择，此时将会出现网上国债窗口，单击"购买国债"超链接，就可以对购买记账式、储蓄式凭证式、储蓄电子式等做出选择，如图 8-4 所示。

图 8-4

此时进入如图 8-5 所示的页面，在记账式国债的窗口，输入国债名称，选择期限、到期年份等，然后单击"查询"按钮，此时将出现产品明细，出现具体的债券名称、债券期限、年利率、买入价等，最后单击"购买"按钮，进入下一步操作。

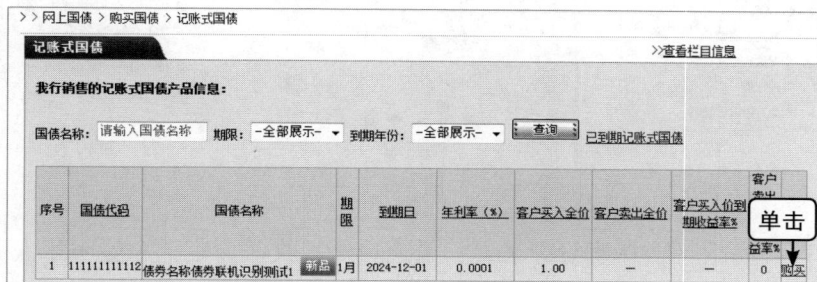

图 8-5

在打开的页面中要求投资者先开户，其中有账号、姓名、证件号码、开户手续费等信息，单击"开户"按钮，对新开立的账户进行确认，当所有选项都确认无误后，就可单击"确认"按钮，进入下一步操作，如图 8-6 所示。

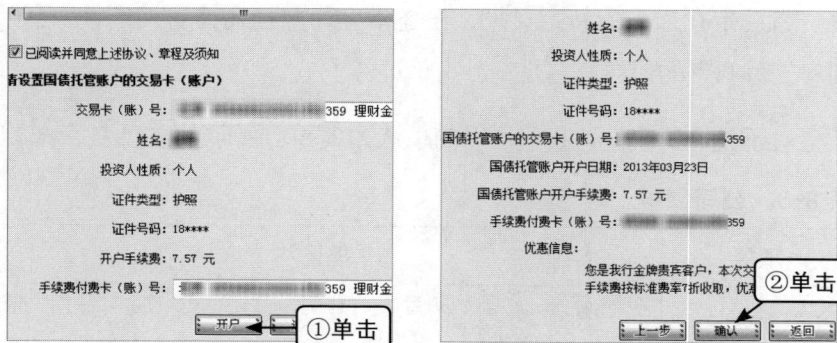

图 8-6

此时在打开的页面中将提示投资者开户成功，同时提示投资者的托管账户以及交易账户，接下来系统将提示交易成功的消息，如图 8-7

所示。

图 8-7

国债相对于其他债券来说，风险更低，收益稳定，一般中年人购买的较多，而更多的年轻人会更偏向于公司债券类，那么公司债券是怎么样的呢？

8.2.4 公司债券买不买

公司债券是指由公司（特别是股份制有限公司）发行的，公司与投资者约定在未来的特定日期，偿还本金，并且在持有期间按一定的利率支付利息的债券，它是一种有价证券。

对于公司的债券，我们可以简单从如表 8-6 所示几方面去了解。

表 8-6　公司债券

项目	描述
票面内容	在票面上，必须载明金额、利率、偿还期限、公司名称、董事长签名、公司盖章等事项
债权分类	一般可分为记名债券、不记名债券，记名债券是在票面上记载投资者的姓名、还本付息需要的证件、转让时需要背书等信息，而不记名债券则对这些不做严格要求
交易条件	公司债券在交易所挂牌上市之前，需要申请债券上市

续表

项目	描述
买卖的方式	直接买卖和间接买卖，前者指可参与一级市场或交易所的二级市场，后者指可以通过银行、证券公司、证券商等金融机构购买，参与网下申购
债券转让	一般在交易所进行场内交易，而对于转让的价格，双方可根据市场利率协商，确定价格后完成转让
债券回售	发行人在发行时就约定一定的回售条款，当市场出现回售条件时，债券的发行主体就收回该债券，同时支付给投资者相应的价款
利息计算	应计利息 = 票面利率 ÷365× 应计息天数，从起息日当天开始算，成交日不包含在内，一般 2 月 29 日也不包含在内，当票面利率不能整除 365 时，计算机自动默认"四舍五入"
利息税	如果投资者选择在证券交易所交易时，就需要支付一定的佣金，深交所的可转债为 1‰，上交所的可转债为 0.1‰

当我们简单认识公司债券以后，就一定要认识公司债券的特产——可转债。它一般是固定收益的债券，具有债券的一般性质，明确的债券期限和定期利息，在转化成股票之前是公司的负债，只有在转股后，才可以参加公司的红利分配。

投资者拥有可转债就具有两种权利，一是转换成股票，二是持有到期。转换后可以获得股票上涨的收益，此外可转债还具有赎回和回售的特征。

对投资者来说，购买可转债可以灵活投资，不仅可以实现稳定的收益，也可以在一定的条件下，转换成股票，获取股息、红利等。一般情况下，可转债当期的收益会比普通的红利高，这也是为了抑制投资者过度的转换成股票，可转债相比股票，具有优先偿还的权利，但是在一般的公司债券之后。

8.2.5 债券收益如何算

国债也好，公司债券也罢，无论购买哪一种债券，我们最终的目的都是获得投资收益，因此明确债券收益的计算就很关键。和其他投资一样，我们也用到期收益率来表示债券资收益，债券的投资收益该如何计算呢？

到期收益率简单指的就是一种贴现率，它将未来的现金流量折算为债券全价的贴现率。一般债券的到期收益率是从买入到期满售出的期限内的年均收益，其中债券的全价＝债券净价＋债券应计利息。一般可以分为直接收益、到期收益、有期收益。

我们常计算的就是到期收益，到期收益简单说就是持有期的收益计算，收益计算简单举例如下。

周某曾经以 154.25 元认购了国债，在一年后以 148.65 元的价格出售，持有期限付息一次为 11.83 元，那么在此期间的收益率为：i=（148.65−154.25+11.83）/154.25=4.04%。

由上面案例我们可知，对于持有期的利率计算，一般公式为：i=(P2−P1+I)/P1，其中 i 为持有期间的收益利率，P2 为卖出债券的价格，P1 为购入时的价格，I 为持有期间的利息收入。

当我们在债券持有期间买进或者卖出时，一般需要用到收益计算公式：收益率＝（卖出价－买入价）÷（持有天数÷365）÷买入价×100%。

债券收益率是债券收益与其他投入本金的比率，一般是用年利率表示的，而债券收益≠债券利息，债券利息＝债券票面利率×债券面值。因为大多投资者常选择在持有期间，在债券市场进行买卖，因此债券收益率不仅包括利息收入，还应包括买卖盈亏差价。

8.2.6 投"债"有技巧

都说债券稳定，收益还比银行存款高，那么你知道怎么投资债券吗？看下面一个简单的例子。

何某大学毕业以后，进入一家事业单位进行工作，收入稳定，工作体面。唯一的不足是每年存下来的余额不多，女朋友在一家幼儿园做英语老师，他们两人都偏向于稳定的投资。

于是在朋友的介绍下购买了某银行的国债，利率为 5%，每年利息收入约为 1 万元，此外还有 10 万元的银行存款，汽车按揭 15 万元，房屋按揭还款每月需要还款 2 500 左右。而他打算和女友在年底完婚，于是打算将银行存款拿出来做其他的投资，但他还不知道是继续购买国债还是购买银行的其他理财产品，或者选择其他的国债。

如上例的何某，平时由于工作稳定，以及风险偏好较低，除了银行产品，相对更多的投资放在了国债上，然而他们很多人都不知道该如何挑选包括打理自己的国债，那么国债该如何投资呢？一般可以从市场、品种、买卖方式等方面去重点突破，简单介绍如下。

①在市场利率处于低迷时期，可以选择购买国债来保值稳值，在购买品种时，首选常用的国债进行逆回购，再购买长期持有的储蓄型国债，同时在持有期间，赚取差价收益，而对于更高要求的投资者可以尝试国债正回购或者国债期货。

②一般电子式的储蓄国债适合稳健型的投资者，凭证式国债适合中老年人购买，而记账式国债一般适合对市场敏感以及具有市场预测能力的投资者，特别是对那些喜欢投资股票、基金等的投资者。记账式国债一般根据市场价格波动，采取"低买高卖"。

③用手里的资金短期持有一种国债，到期对方还本付息，投资者

赚取差价作为收益。这就是投资者常用的债券逆回购。选择 1 天逆回购，投资者在周五参与市场交易，那么周末不计息，资金在周一归还。如果选择 1 天以上逆回购，那么周末要计息，但会影响利率，到期归还本金。

除了如上的一些小技巧，在购买债券时我们还要注意分散投资，将债券投资的风险分散，常见的就是组合购买。此外投资者根据家庭实际出发，从资金规划、欲收回投资年限、资金稳健等方面综合考虑。

8.2.7 债券"单打"还是"双打"

投资债券好比打一场羽毛球，是单打还是双打，各有各的好处，一切应该从自身的实际出发，看下面一个简单的案例。

李某今年 28 岁，在一家私营公司做人事，每月收入为 5 000 元，和父母住在一起，自己有一辆价值 10 万元的私家车，现金资产 10 万元，每年结余两万元，公司购买社保，自己无任何商业保险。

她将自己的现金以及每年的结余都用来存银行，但是最近她开始意识到，通货膨胀使自己的存款每天都在缩水，于是她通过其他投资来适当理财。于是在银行理财人员的介绍下，她得为自己准备一笔应急资金，以每月 3 000 元计算，那么她需要准备 1.8 万元。其次，她可以选择购买国债，特别是最近发行的电子式国债。最后，由于她只有公司社保，无任何商业保险，那么可以为自己配备意外险、重疾险等。

如上例的年轻人，通过几年的工作，拥有一定的积蓄，但是积蓄不多，那么如何通过手里的积蓄合理理财呢？是购买单一的债券还是组合投资？下面具体来看看，如表 8-7 所示。

表 8-7　单打还是双打

项目	债券基金	债券
投资品种	央行票据、金融债、次级债	只能购买凭证式、记账式、企业债等
投资性质	组合投资，参与债券市场多次交易	单一债券交易
流动性	灵活的购入或赎回	流动性被束缚
管理费用	管理费、销售服务费、托管费等汇总为1.2%/ 年	而对于银行债券收取的费用较高

如上表所示，无论是从投资品种还是投资性质、流动性、管理费用等，组合的投资都优于单一的投资。因此，在债券市场，还是双打比较好，毕竟投资风险分散，而且最重要的是收益渠道拓展。

8.3

资金少没关系，投资基金回报高

当个人或者家庭的积蓄不多时，无论是投资股市还是债券都不适合。一来，投入成本较多；二来，无法承担相应的投资风险。此时，投资成本较低、具有一定回报的基金投资就是很好的选择了。

8.3.1　基市有哪些基金

基金作为一种投资方式，是为了某种目的而设立的、具有一定数量的资金，也指具有特定目的和用途的资金。我们常指的基金，一般就是各种证券基金。根据不同的划分方式，可以分为不同的基金，具体如表 8-8 所示。

表8-8 基金分类

划分方式	明细
投资对象	可分为股票基金、债券基金、货币市场基金、期货基金等
投资风险与收益	成长型、收入型和平衡型基金
组织形态	公司型基金和契约型基金，我国的证券投资基金均为契约型基金
基金单位是否可增加或赎回	开放式基金和封闭式基金

如上表所示，一般我国的基金可以从四大方面去分类，而其中根据投资对象划分的债券基金、货币基金、股票基金等较为常用，当然还有开放式基金和封闭式基金。下面我们对于常见的基金类型进行简单的认识，具体如表8-9所示。

表8-9 常见基金类型

类型	描述
开放式基金	世界各国基金运作的基本形式之一，基金管理公司可随时向投资者发售新的基金单位，也需随时应投资者的要求买回其持有的基金单位
封闭式基金	指基金规模在发行前已确定、在发行完毕后的规定期限内固定不变并在证券市场上交易的投资基金
对冲基金	也叫风险对冲基金，利用风险对冲操作技巧规避和化解投资风险的基金
QDII基金	在一国境内设立，经该国有关部门批准从事境外证券市场的股票、债券等有价证券业务的证券投资基金
认股权证基金	主要投资于认股权证的基金
契约型基金	银行和企业共同出资组建一家基金管理公司，基金管理公司作为委托人通过与受托人签订"信托契约"的形式发行受基金单位持有证来募集社会上的闲散资金
平衡型基金	既追求长期资本增值，又追求当期收入的基金
保险基金	为了补偿意外灾害事故造成的经济损失，或因人身伤亡、丧失工作能力等引起的经济需要而建立的专用基金

续表

类型	描述
信托基金	以信托的方式、管理运作的基金
股票基金	是以股票为投资对象的投资基金
货币市场基金	是指投资于货币市场上短期有价证券的一种基金
债券型基金	是以债券为主要投资标的的共同基金
期货基金	专门投资于期货、期权的期货和期权基金
中国海外基金	投资到海外市场的基金

不同的投资者适用于不同的基金，但无论是哪一种基金选择，前提都是对于该基金有一定的了解，对于基金市场、行情、种类有简单的认识，而作为年轻的家庭或者个人一般常选择货币基金。

8.3.2 挑选适合自己的基金

对于 80、90 后的年轻人来说，已经或即将迈入 30 岁的门槛，对这类人群来说人生才刚刚开始，但都面临着或将面临结婚生子、供房供车、升值加薪等问题。人生正处于或将处于一个巨大的消费期，正所谓三十而立，无论你是 80 后还是 90 后，理财都刻不容缓。

罗某大学毕业后就在一家私营企业工作，每月固定的收入 4 000 元，各项补助及奖金为 1 000 元。他目前租房，每月房租 1 200 元，生活消费 1 000 元，交通费支出 400 元，电话消费 100 元。

他拥有活期存款 1 万元，定期存款两万元，现在还没有车贷、房贷的负担，因此没有任何的负债，风险承受能力中等。

最近他打算将手里的活期存款的一部分用来投资理财，并且在近几年按揭一套房以及购买一辆车，投资股票他觉得风险太高，存为定期又觉得回报率较低，对于他自身来说，他偏好一些低风险的理财。

对于罗某来说，他属于低风险偏好人群，那么可以投资中短期的债券基金，建议他可拿出两万元，用于投资债券基金。

一般来说，申购基金的最低额都会在 1 000 元左右，而对于月收入在 3 000~5 000 元的投资者来说，扣掉生活开支、租房、交际、回报父母等费用，剩余 1 000 元用于理财的可能性较小。那么如果每月资产不足 3 000 元的，能不能购买基金呢？如图 8-8 所示的几点小提议，仅供参考。

1 投资一些申购金额要求较低的核心基金，核心基金相对来说，就是资产相对分散、管理团队经验丰富、风险收益配比比较稳定。当申购额较低时，相当于投资者又多了一个投资机会，建议债券基金可以选择中短期，股票基金选择大盘或成长型，当然还要分析当时的行情，斟酌购买。

2 如果投资者实现每月定投各类基金，那么可以大大地降低申购的金额，如工行的某一只货币基金，最低申购金额在每月 200 元，这样对于资产积累较少的年轻投资者来说，一方面能减少投资压力，另一方面也能实现多种投资组合，分散投资风险。

3 对于积蓄不多，收入不高，风险承受也偏低的家庭，资产以及投资经验的积累需要一个过程，不能盲目地投资，更不能随心所欲的投资，需要优化配置个人或者家庭的资产，可以适当地实现货币基金、债券基金、股票基金的投资组合。

4 投资成本很重要，对于年轻人来说，可用于各种投资的资产相对有限，那么尽可能的实现降低成本是关键，在挑选各种基金时，就要考虑相关的费用，风险以及收益相近的情况下优先考虑费用较低的基金。可以货比三家，不同的银行的债券是存在一定差别的。

图 8-8

在基金投资中我们不仅要看到它的收益，同时也应该看到它存在的不足，如投资期限较长、收益无法实现，不能如股票一般的大涨等，投资者在分析比较各类基金的优劣的基础之上，再决定是否要投资。

8.3.3 基金中投资的秘诀

对于投资者来说，任何投资都存在它的投资小技巧，基金亦如此，那么基金投资中的小秘诀都有哪些呢？以下一些仅供参考。

对于投资者来说，一般债券基金和货币基金最常见，也常被选择，下面我们就债券基金和货币基金的一些投资小技巧进行简单说明。

（1）债券基金投资秘诀

债券基金是债券的一种组合投资，债券基金的买卖没有手续费，没有利息税，一般是将基金的 80% 用于投资国债。债券基金适合保守型的投资者，它的收益相对稳定，大大降低了投资风险，而且组合投资也分散了相应的投资风险。

相对来说，在债市，它与利率市场成反比，当利率市场走低时，债券市场将出现价格上涨。此时，理财者就可以抛掉自己手里的债券，实现债券差价收益，当利率市场走高时，则理财者操作相反。

对于债券基金的理财小技巧，一般可以从债券基金信用等级、用途、久期、核心组合、收益计算等方面去说明，简单介绍如下。

①一般投资者可以通过基金招募书或基金投资组合报告，了解自己所投资的债券的信用等级。

②债券基金一般可用来打新股，但是承担的风险不同。而且不同的债券基金具有不同的风险，需要多对比几家。

③债券价格对利率的敏感度就是久期，如某只债券基金久期为两年，那么如果市场利率下降1%，基金的资产净值就增加2%。

④投资者在空闲时，可登录一些财经网站或者银行官网，了解自己购买的债券的最新行情。

⑤根据相应的公式或者收益率计算器计算基金的相关收益，从而确定一个最优组合。

⑥根据投资者风险偏好，当基金风险相近时，可从投资周期、投资金额、费率适当等条件来决定是否投资。

投资者不管是浏览各大财经网站还是咨询相应的理财专家，都可借鉴不可少技巧，当然平时也可多看相关的理财书籍。

（2）货币基金投资秘诀

当我们家庭的活期储蓄较多时，可用来购买货币基金，对于一个货币基金的投资新手，可以从以下几方面去注意。

◆ **基金种类**：首选已经完仓的基金，一般新建仓的基金，手续费会较高，而且在短期内的收益也较低，那么此时选择完仓的基金就具有相对优势。

◆ **基金公司**：可选择具有定期定额赎回，可以将货币基金的定期定额转化为股票基金或债券基金的基金公司。

◆ **投资规模**：一般短期、活期、闲置的资金适合用来投资货币基金，而对于中长期的资金，可购买债券、股票型基金。

◆ **投资时间**：如果在周一开始赎回，那么就可拥有周末两天的基金收益，所以一般不建议投资者选择在周五申购，那样会损失周末的基金收益。

◆ **投资收益**：理财者购买前，可以通过相关渠道查询货币基金的收益率的排名情况，一般常选收益率排在前列的基金会较好。

◆ **基金变现**：货币基金的最大特点是变现快，因此，可以选择"T+0"交易日的货币基金，当需要快速变现时，更好地缩短变现时间。

无论是债券基金还是货币基金各有各的优势，投资者需要根据自己的偏好去决定，而两者之间的差异如表 8-10 所示。

表 8-10 债券基金与货币基金对比

划分方式	债券基金	货币基金
投资对象	80% 基金投资于债券	投资货币市场的短期有价债券
风险收益	风险、收益都比货币基金高	几乎无风险、收益低
购买费用	一般具有申购、赎回费	无申购或赎回费
赎回后资金到账时间	一般为 T+5 个工作日	一般为 T+2 个工作日
金额起点	最低 1 000 元	最低 200 元 ~1 000 元
持有时间	3~12 月	1~2 月

以上就是两种基金的简单比较，相对来说两种基金都是适合投资保守的人群，各有各的优势。

保险，家庭理财的首选

曾经有句广告词这样说："我亲爱的朋友，你可以说你不需要我，你要再考虑考虑我，你可以让我等待，甚至你可以拒绝我，但是请别在你和你的家人遭受伤害时才想到我，那时，我已无能为力。"而说话者便是保险，保险不是奢侈品，应该是家庭的常用品，是家庭应急的必备品。它是你生病时昂贵的医药费，意外发生时留给家里的一笔储蓄，自主创业时的一笔资助，投资失利时的一份安慰，年老时的一份尊严。所以，这一生，它都将为你遮风挡雨，不离不弃。

8.4.1 为什么一定要买保险

有人说，我不需要保险，用买保险的钱可以用来请朋友吃饭，或者存钱买车买房；我不需要买保险，一保就险；我不需要买保险，人生没那么多的意外。只有以下几种人才不需要保险。

①保证自己永不生病，生病也付得起巨额医药费的人。

②保证自己和家人永远都不会有意外的人。

③保证自己永远拥有赚钱能力，能养活家人的人。

④保证自己离开也可以不管家人的人。

有谁可以拍着胸脯说：我属于其中之一呢？很火的电影——我不是药神，说明什么，说明钱和医保太重要了。

都说人这一生，总有3怕：第一怕，英年早逝，留下老父幼子；第二怕，活得太长，却无福安享晚年；第三，关键时刻没钱，生不如死。

而保险就是为家庭保驾护航，减少你的未知恐惧。

作为男人来说，你需要保险，因为你是家里的顶梁柱，上有父母需要赡养，下有孩子需要照顾。而且男人的死亡率一般大于女人，所以男人更需要爱护好自己。一旦有任何的意外，也可以让保险代替自己守护家庭，这也是男人责任感的体现。

作为女人来说，你需要保险，当今的女子，已经活成了一个女金刚。事业、家庭、孩子，压力一点不比男人小，或者更甚，但是保障却最低，整天为升职加薪奔波，为家庭孩子劳累，甚至还要面对房贷、车贷的压力，如蜗牛般背上一个重重的壳，随着年纪增长越来越脆弱。此时，女人给自己购买一份保障就相当有必要，如现在市场推出的各种针对女性疾病的保险。

8.4.2 医疗险，女人最可靠的依赖

对于现在的年轻人来说，无论男女，由于工作、应酬、加班往往作息不规律，同时长期缺乏锻炼，大多处于一种亚健康的状态。对于女人来说，天生抵抗力就较差，如果长期在亚健康的摧残下，女人这朵花，就将日渐枯萎。

而独属于女人的保险，将是对于女人最好的呵护。一般可以根据不同的时期，选择不同的类别，具体如下。

◆ **单身**：对于单身女性来说，月月光是常事，而且她们抵抗风险能力较弱，一旦发生严重的意外伤害和重大疾病，将给家庭带来重大的灾难，对以后的生活和重新回到正常的工作生活中带来极大的影响。因此要注意重大疾病保险的购买，可购买一些特殊的女性健康险。

◆ **已婚未育**：对于已经结婚但尚未生育的女性，可以针对一些该年纪易发疾病购买。有一定的积蓄，但是压力也日渐增大，所以应优先考虑重大疾病保险，特别是一些女性的特有病症，如子宫癌、乳腺癌、宫颈癌等重大疾病的投保。

◆ **备孕**：如果打算拥有个宝宝，那么除了基本的物质准备，同时妊娠前投保母婴险也是不可或缺。对于准备怀孕的女性来说，购买针对女性生育时期包括孕妇及新生儿特殊保证的母婴险，可对妊娠期疾病与新生儿先天性疾病进行预防。

◆ **准妈妈**：对于准妈妈们，有一种女性保险，如果满足怀孕周期在20周以内，则保障内容包括身故、全残、29种一般重大疾病、两种女性重大疾病、12种新生儿先天性疾病、6种妊娠期综合并发症以及女性原位癌等，可在不同的保险公司参考购买。

◆ **已婚已育**：对于已婚已育的女性来说，身体随着年龄的增长，生理机能不停衰落，那么购买各种重大疾病保险便成了必要。特别是针对女性常发疾病的险种，此时购买的女性重大疾病保险，可以购买周期较长、险种比较齐全的女性重疾险。

对于各类重疾险的购买，一般越早越好，审核也更容易通过，被保险公司拒保的可能性也更低。

8.4.3 做好家人投保，减少家庭风险

不同的家庭需要的投保是不同的，对于风险的接受程度也不一样，但无论如何，对于一个家庭来说，对于保险的规划，一般可以从意外险、重疾险、养老险三大方面去考虑。

◆ 意外险

意外伤害保险简称意外险，是指以意外伤害而致被保险人身故或

残疾为给付保险金条件的人身保险，它包括两个大的方面，即意外和伤害。一般常见各种意外卡单、旅游意外险、团体意外险等。对于各种意外险，我们一般选的是网上自助投保。

◆ 重疾险

重疾险简单说就是对被保险人发生的在合同约定的重大疾病后给付保险金的保险。保险金的支付一方面用来支付医疗费用，另一方面用来提供被保险人患病后的经济保障，保障数字化，确诊给付。一般重疾险是越早购买越好，因为由于身体机能退化，越早体检越容易通过，越不容易被保险公司拒保。

因为男女差别，所以对于男人和女人的重疾险也存在差别，现在各大保险公司推出的男女的重疾险都是根据男性和女性易得的不同重疾来保障的，所以家庭在配置时，应选择性购买。

◆ 养老险

养老险是对于养老的规划，和我们购买的社保一样，应及早购买，那么将来在退休时，就可以领取相应的养老金，各大保险公司推出的不同险种，在养老金的领取金额和时间上具有不同，如万能险、分红险、投资连结险等都是属于养老保险的分类，它在保障人身的同时，也具有一定的理财功能。当然，如上的三大险种只是针对家里的大人，而对于有孩子的家庭还需要规划相应的少儿险。

8.4.4 为孩子投保，减轻家庭压力

宝宝对于一个家庭来说，就是最好的希望，我们所有的努力都是为了宝宝更好地成长，我们用尽全力抵御一切外界的伤害，而给宝宝投保，也是给宝宝最温柔的呵护。

现在市场存在的少儿险，就是对于宝宝的投保，即被保险人是未成年孩子的一种保险。可分为 3 类：少儿意外伤害险、少儿健康险、少儿教育险。

少儿意外伤害险。少儿险投保的重点，它针对日常生活中会造成孩子们一些意外伤害理赔的保险。孩子因为对新鲜事物的好奇以及自我保护意识较弱，决定了孩子的意外伤害会比其他人群高，概率也大，因此孩子意外伤害的保障应放在首位。

少儿健康险。顾名思义，少儿健康险就是针对宝宝健康投保，对易导致孩子出现的几种重大疾病投保的保险，预防孩子在不幸中患上重大疾病后，不会因为家庭经济原因，而无法得到快速、优质的治疗，一旦意外发生能保证宝宝及时治疗。

少儿教育险。对孩子将来的教育经费所投保的一种保险，有点像理财保险，特别是类似于分红保险，不过它的领取年龄有限，一般从孩子初中、高中到大学的教育经费，毕业后的创业金、婚嫁金等。一般在保险合同中，对于领取金额及时间都有严格的规定。

对于少儿的意外险和健康险应及早购买，特别是在宝宝 0~6 岁时，此时宝宝正处于对外界一切好奇，然而抵抗力也是较弱的阶段，此时购买意外险和健康险是很重要的。而随着宝宝的长大，7~12 岁阶段，宝宝开始上学，此时意外和教育险是家庭考虑的重点，而且越早购买越好，因为当缴费期满后，一般宝宝可以在初中开始就从保险公司领取相应的教育金。

8.4.5 投保时避免陷入误区

如同理财具有理财误区，投保同样具有一定的陷阱，所以我们因该避开这些陷阱。那么，该如何做呢？几点小建议仅供参考。

- ◆ **急用才购买**：保险是一种对于未知风险的投资，当风险来临时，最大程度地减少损失，而不是当风险发生时才购买。
- ◆ **保险非投资**：对于各大保险公司推出的各类保险产品，一般具有储蓄和保障双重功能，很多年轻人更注重投资理财而忽略保险本身的保障功能。
- ◆ **投保重点错误**：许多家庭将孩子列为投保的重点，而忽略了真正该投保的是家庭中的顶梁柱。
- ◆ **超额投保**：一般来说总的保险支出额度应严格控制在年收入的 10% 以内才合适，最好不要超额投保影响家庭正常规划。
- ◆ **商业保险 = 社保**：商业保险和社保不能画等号，社保只是家庭的基本保障，当重疾或意外来临时，它保障的只是很小一部分，大头还需要商业险。
- ◆ **忽略女性险**：整体来说，现代女性投保率总体要低于男性，但是现在社会女性承担的压力、疾病在不断增加，那么女性就需要更加关爱自己。
- ◆ **保费越便宜越好**：保险不是超市买白菜，越便宜越好，保费的高低往往和保障金额相关，一般保费越高，保额就越高。
- ◆ **保险不如储蓄**：保险是对于未来风险的保障，几乎看不见利息，但是当事情发生它带来的利息将大大高于储蓄利息。

除了如上的一些常见小误区，我们还要注意对于保险合同的认真解读，对于合同条款一定要逐条认识清楚。当然对于购买的保险公司也要认真考虑，不能以公司给出的保费来比较。

此外，对于经手自己保险的保险代理人也要注意，不能因为是亲戚关系或者朋友关系就忽略自己的真正需求。

8.4.6 "保险索赔"如何维护自我权益

如同车险一样,人身保险也存在理赔的情况,特别是当意外发生后,我们就需要联系相应的代理人,并准备相应的资料去保险公司进行理赔。理赔时一般需要准备相应的资料如图8-9所示。

1 →	保单的正本及副本。
2 →	能证明被保险人的身份证件。
3 →	受益人的身份证明,当有多个受益人时,所有人的证明都需要。
4 →	受益人与被保险人的关系证明。
5 →	受益人的银行活期账号。
6 →	理赔调查授权书。
7 →	医院的诊断证明。
8 →	住院收据发票原件及住院费用清单明细。
9 →	交警部门出具的意外事故证明。

图 8-9

如上是意外引起的事故所需要准备的资料,如果不幸身故还需要准备如交警部门的意外事故证明、勘察报告、验尸报告、死亡证明、火化证明、户口注销证明等,保险公司根据相应保额赔付。

为了顺利理赔,资料一定要齐全,否则来回奔跑程序麻烦,还不能理赔,而选择一个靠谱的保险代理人,当意外发生时,第一时间告诉他,他会告诉你所有需要的理赔资料,准备好资料后交给他,所有的后续流程他都会代为办理。

第**9**章

与时俱进，互联网理财出新玩法

随着互联网 + 的普及，互联网金融开始出现在人们的生活中，互联网金融是互联网 + 金融的代表，它通过互联网与金融行业紧密地联系在一起。而在该背景下，互联网理财成为人们迈入互联网金融的基本门槛，也成为人们日常理财的基本工具。

常见的互联网理财平台如余额宝、微信、京东钱包、淘宝理财、百度钱包、苏宁金融等，你会玩吗？

除了一些常见的理财平台，还有如众筹和 P2P，这些工具你又知道多少呢？

多样化的互联网理财平台

在常见的一些消费平台，我们可以看见其推出的一些理财产品，如支付宝的余额宝、微信的理财通、京东的京东钱包、淘宝的淘宝理财、百度的百度钱包、苏宁易购的苏宁金融等。

这些第三方理财平台，风险较低，收益稳定，更重要的是能帮我们将平时闲置的资金进行短期理财，如何操作它们，本章将详细讲解。

9.1.1 余额宝：草根理财神器

余额宝是由第三方支付平台支付宝为个人用户打造的一项余额增值服务，当我们从账户里转入一定的资金到余额宝账户，可以获得一定的收益，而且没有任何的手续费，并且转入该账户的资金可以随时消费支付和转出。

用户在支付宝网站内就可以直接购买基金等理财产品，获得相对较高的收益，同时余额宝内的资金还能随时用于网上购物、支付宝转账等支付功能。

余额宝理财操作具体如下，登录支付宝的APP，点击"余额宝"按钮，进入如9-1右图所示的页面，然后点击"转入"按钮进行下一步操作。

图 9-1

　　如图 9-2 所示，在该页面，我们需要输入转入金额，如 200 元，然后点击"确认转入"按钮，进入如 9-2 右图所示的页面，系统将提示转入时间以及收益计算时间和收益到账时间。最后点击"完成"按钮。

图 9-2

　　此时就将回到余额宝的首页，我们将看到账面的余额已经发生了变化，点击累计收益，在打开的页面中可查看关于累积购买该产品的收益明细，如图 9-3 所示。

图 9-3

除此外，我们还可以在余额宝的首页点击万份收益和七日年化，查看万份收益和七日年化利率，如 8 月 28 日的收益为 0.8112 元，七日年化利率为 3.2410%，如图 9-4 所示。

图 9-4

我们可以在余额宝的首页点击 "？" 按钮进入我的客服页面，可以对相关问题进行查询，如余额宝的收益计算、七日年化收益率、余额宝风险等，如图 9-5 所示。

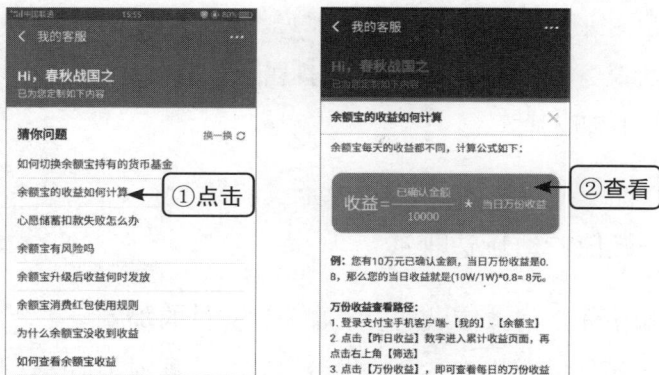

图 9-5

与其他投资一样，余额宝的收益也用专业的名词表示，如七日年化收益率，它是通过余额宝账户购买的该货币基金的最近 7 日的平均收益水平，并进行年化以后得到的数据，是对于未来一年的基金盈利水平的评估，仅供参考。

而任何的投资都有风险，余额宝也如此，余额宝的风险一般包括收益风险和安全风险，因为余额宝的本质是货币基金，所以理财者要承受购买货币基金带来的风险，而安全风险一般指资金安全。

当然，余额宝账户不仅可以用来理财，还可以用来消费，当在购买某款产品后，选择付款方式时，可选择"余额宝"进行支付，如图 9-6 所示。

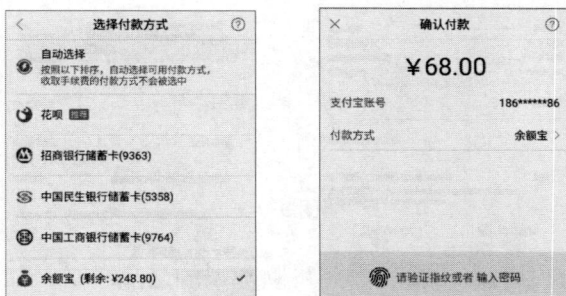

图 9-6

余额宝理财相对于其他理财来说，操作方便，而且理财门槛较低，一般建议 200 元就可以理财，而且属于短期理财，资金回笼快，更是草根们的理财神器。

9.1.2 微信：边玩边赚钱

如果你以为微信只是用来聊天、支付的那就错了，微信不仅可以玩，还可以赚钱。在微信平台，有一款理财神器——理财通，它是腾讯与多家金融机构合作后为用户提供多样化理财服务的第三方理财平台。在该平台，金融机构负责设计相关产品，提供如货币基金、保险产品、定期产品、券商产品等，而理财者在微信平台购买操作具体如下。

首先，登录微信平台，如图 9-7 所示，在我的钱包里，点击"理财通"按钮进入理财页面，在该页面点击"理财"按钮，进入理财操作。

图 9-7

在出现的页面中，我们看到可以理财的产品种类，如货币基金、定期产品、保险产品、券商产品等。点击"货币基金"按钮，进入货币基金页面，如图 9-8 所示，在该页面我们将看到关于该货币基金的产品种类，点击"鹏华增值宝"选项，进入产品购买页面。

图 9-8

在该页面，我们将看到关于该款基金的详细情况，如近七日年化率、理财期限、收益曲线图、产品特点、交易规则等，单击"买入"按钮，进行该基金的买入操作，如图 9-9 所示。

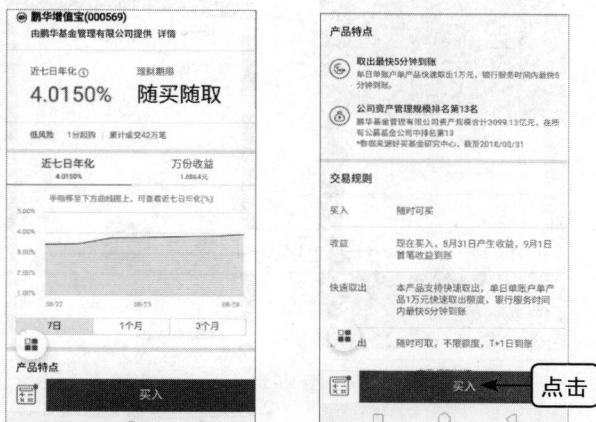

图 9-9

紧接着，系统将提示我们需要进行风险测评，如 9-10 左图所示，测评完成以后，系统将得出相应的结果。如 9-10 右图所示，根据测评结果为成长型，点击"我已了解，立即买入"按钮，继续购买。

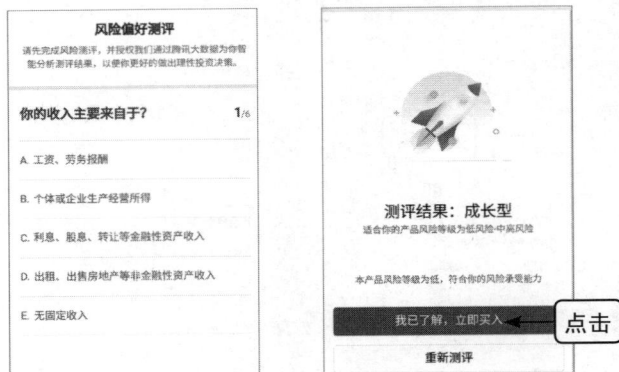

图 9-10

在打开的页面中点击"确定"按钮，进一步购买，此时系统将提示货币基金购买须知，关掉该窗口，进行买入操作，如图 9-11 所示。

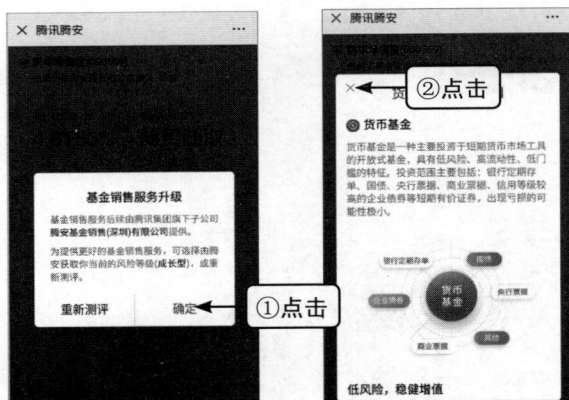

图 9-11

在打开的页面中提示需要输入购买的金额，这里输入 1 000 元，然后点击"买入"按钮，然后进行相应的支付，支付完成后，单击"买入"按钮，该基金买入到此完成，如图 9-12 所示。

图 9-12

根据如上的操作可知，相对于余额宝，理财通会在购买前做一个相应的风险测试，我们可以根据相应的测试，减少购买的风险。理财通和余额宝各有优势，关键在于自身理财习惯与偏好。

9.1.3 京东钱包：潜力无限的理财平台

支付宝有余额宝，微信有理财通，京东便有京东钱包。在京东金融里，理财者可以进行银行储蓄、基金、股票、保险等，现在市场存在的大多的理财方式，都可以在里边找到。

京东金融累计服务金融机构超过 700 家，并与金融机构共同服务 800 万线上线下小微商户和 4 亿个人用户。因此，京东钱包是个潜力无限的理财平台。

那么，在京东金融平台如何购买自己喜欢的理财产品呢？首先我们需要安装京东金融 APP，首次启动该 APP 后进入"京东金融隐私政策"界面，点击"同意"按钮，成功登录后进入京东金融首页，点击"京东小金库"按钮，如图 9-13 所示。

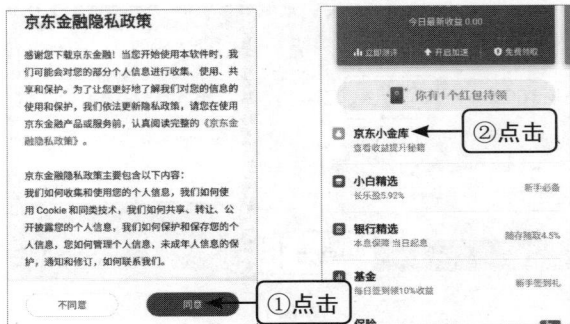

图 9-13

　　系统会自动提示需要实名认证，如图 9-14 所示，当个人的相关信息填写完成以后，点击"确定"按钮，小金库开户成功。点击"查看我的小金库"按钮，回到小金库首页。

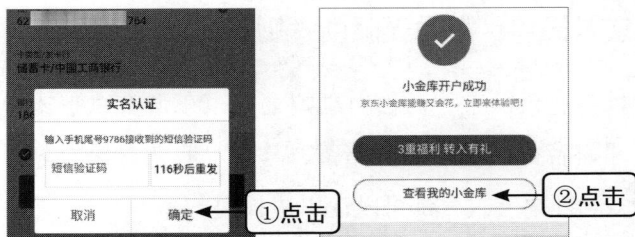

图 9-14

　　在该页面点击"定期转入"按钮，此时将进入存入工资的页面，点击"开始存工资配置"按钮，将每月的工资定期存入小金库，如图 9-15 所示。

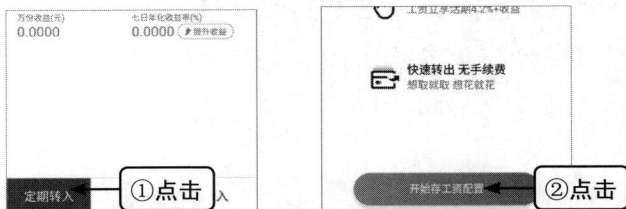

图 9-15

紧接着我们需要对存入日期及存入金额进行设置，如图 9-16 所示，接下来我们还需要对存入的比例进行设置，填写完成以后点击"确认设置"按钮，进行下一步操作。

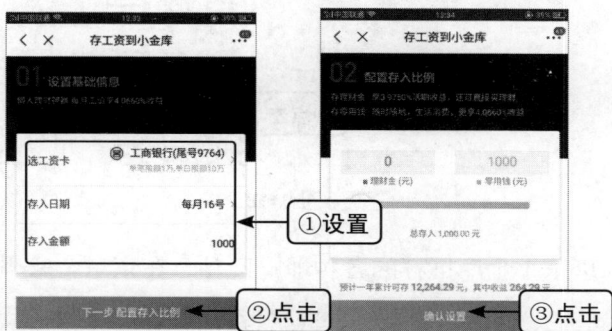

图 9-16

当设置成功后，点击"查看我的存工资"按钮，此时系统将提示存工资记录。点击"查看小金库"按钮回到首页，如图 9-17 所示。

图 9-17

进入京东小金库页面，购买相应的理财产品，点击七日年化收益率"3.9750%"选项，在打开的界面中输入相应金额，进行购买，如图 9-18 所示。

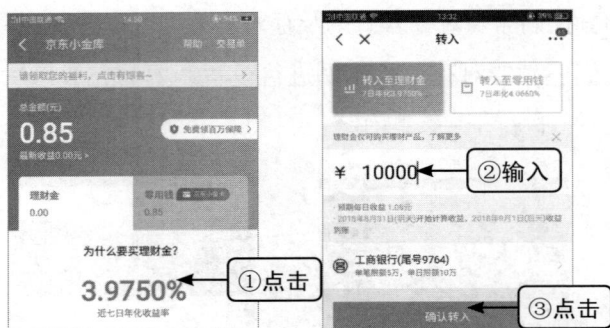

图 9-18

除了京东小金库推荐的各种理财产品，在京东金融里，还有如小白精选、基金、保险、股票等，理财者可以根据自己的偏好购买。

9.1.4 淘宝理财：会淘宝会理财

提到淘宝，第一个想到的就是买买买，但是除了买买买，我们还可以理财赚钱，绝对没有开玩笑，不信你看。

首先，登录淘宝网，单击"理财"超链接，进入理财操作，如图 9-19所示。

图 9-19

此时，系统将自动登录到支付宝的页面，然后显示我们可用的金额。此外，在菜单栏，我们将看到存金宝、基金、蚂蚁聚宝等理财产品，单击"基金"按钮，开始购买。如图 9-20 所示。

图 9-20

此时，系统将自动进入淘宝的基金理财页面，在该页面还可以看到其他理财的产品，如余额宝、招财宝、存金宝等，如图 9-21 所示。

图 9-21

此时我们就可以进行相应的基金筛选，如基金类型为债券基金、近一个月的涨幅不限、近半年的涨幅不限等，筛选完成以后，可以选择自己偏好的购买，如图 9-22 所示。

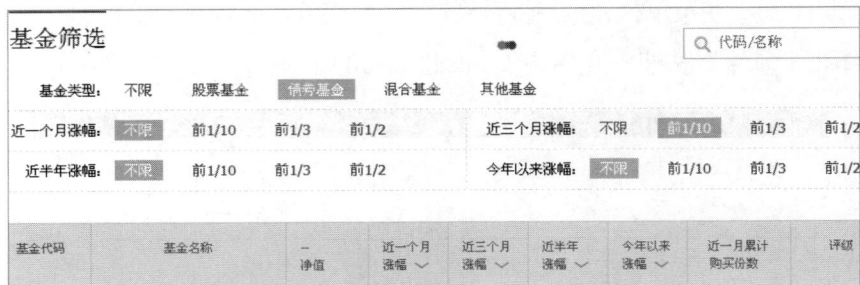

基金筛选						Q 代码/名称	
基金类型：	不限	股票基金	债券基金	混合基金	其他基金		
近一个月涨幅	不限	前1/10	前1/3	前1/2	近三个月涨幅	不限 前1/10 前1/3	前1/2
近半年涨幅	不限	前1/10	前1/3	前1/2	今年以来涨幅	不限 前1/10 前1/3	前1/2
基金代码	基金名称	单位净值	近一个月涨幅 ∨	近三个月涨幅 ∨	近半年涨幅 ∨	今年以来涨幅 ∨	近一月累计购买份数 评级

图 9-22

我们要注意，淘宝理财与余额宝是有差别的，淘宝理财的范围更广，它包括了余额宝，两者不能混为一谈。当然淘宝理财里更多的是基金理财，只是收益不同，它的申购、赎回参照基金，但是通过淘宝理财平台将更方便、快捷。

9.1.5 度小满钱包：消费理财一站式服务

俗话说有事没事问百度，很多我们无法回答、无法解决的事，一问百度统统能知道，百度简直是一个百科全书，但是它仅仅只能百问百答吗？错，百度不仅能提问，还能理财，比如度小满钱包。

度小满钱包提供连接包括百度 APP、百度网盘、百度地图、百度贴吧、爱奇艺、度小满理财、有钱花等各大消费、投资理财场景的商户与海量用户，让用户在移动时代享受一站式支付体验。

首先，登录度小满钱包"https://www.baifubao.com"，在进入的页面单击"度小满理财火热抢购中"超链接，开始购买操作，如图 9-23 所示。

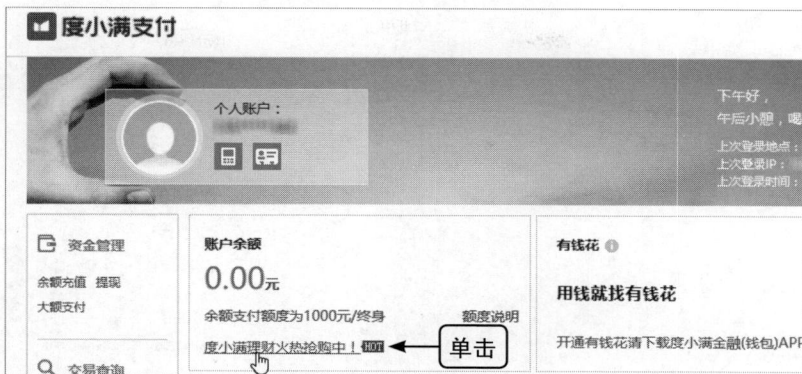

图 9-23

　　在进入的页面，将出现活期理财和基金理财等产品，其中在活期理财里有嘉实活期宝、华夏增利货币 E、长江天天盈等产品，根据起投金额以及七日年化收益率，这里选择嘉实活期宝这款产品，单击"立即转入"按钮，继续购买操作，如图 9-24 所示。

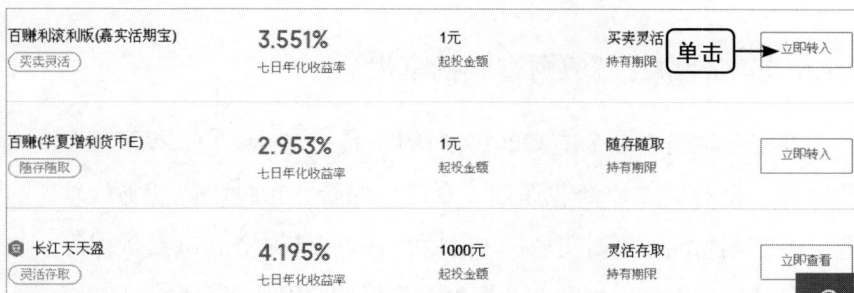

图 9-24

　　紧接着，将出现关于该产品的详细情况，如七日年化收益率为3.551%，万份收益为 0.9603 元，以及近七日的收益曲线图，并且在2018 年 9 月 3 日开始计算相应的收益。依据系统预估，如果投入 1 000元本金，30 日可赚 2.88 元，如图 9-25 所示。理财者可以根据自己的实际情况进行购买。

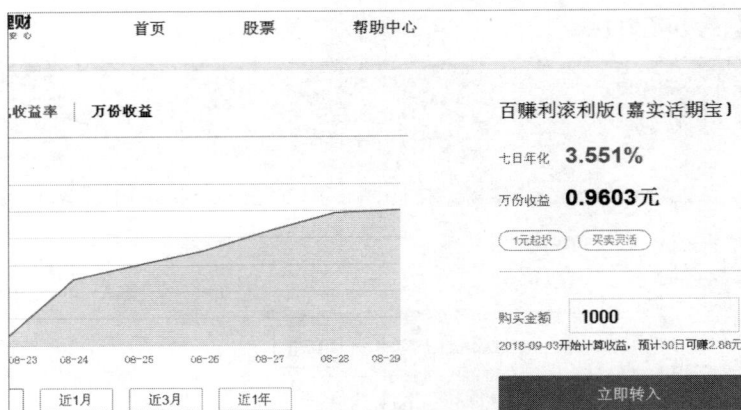

图 9-25

在度小满钱包里，除了如上的理财操作外，还可以进行会员积分、充值功能、超级转账等，还可以在中国境内通过度小满钱包，在境外的数百万 PayPal 国际商户进行购物和付款。

9.1.6 苏宁金融：驾驭财富，畅享生活

苏宁金融是中国金融 O2O 先行者，具有支付账户、投资理财、消费金融、企业贷款、商业保理、众筹、保险、预付卡等业务模块，打造了苏宁易付宝、苏宁理财、任性付、供应链融资、电器延保等一系列知名产品，为消费者和企业提供多场景的金融服务体验。

苏宁金融还不断地对理财小白们推出一系列活动，如在 2018 年 8 月 22 日至 8 月 28 日，如果你是理财小白，在苏宁金融理财平台学习相关理财知识，充值消费金满 500 元膨胀 2%，即额外送 10 元。每个用户活动期间最多可获得一次膨胀红包。消费金充值金额实时到账，膨胀消费金 10 分钟内到账，到账后即可用于苏宁易购消费。

消费金不仅支持苏宁易购和 C 店订单支付时抵扣，并且还能在存

入满 30 天后提现，让你"花钱赚钱两不误"。

那么，苏宁金融的理财是怎么操作的呢？首先我们需要登录苏宁金融页面"https://jinrong.suning.com"，如图 9-26 所示。单击"投资理财"超链接，进行理财产品查询。

图 9-26

在出现的页面中，选择合适的理财产品，如这里选择"组合盈"。单击"组合盈"超链接，该款产品专为理财小白量身定制，我们可以进行简单了解，如图 9-27 所示。

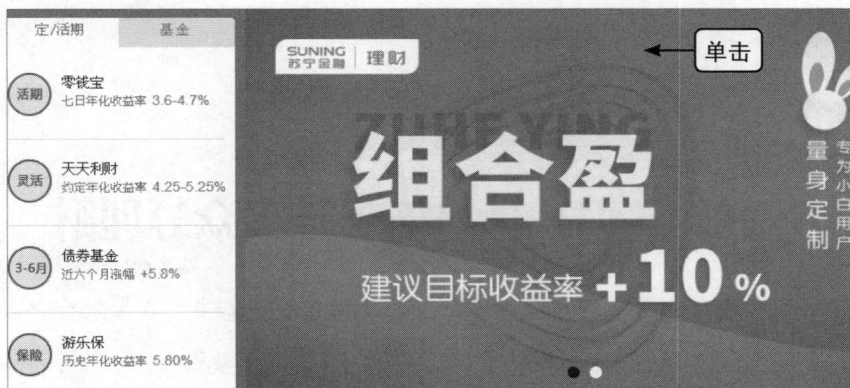

图 9-27

紧接着，页面将出现关于该款产品的建议持有时间、建议目标收益率、风险、买卖规则等，单击"我要投资"按钮即可购买，如图 9-28 所示。

图 9-28

我们在购买时要注意，目标收益率是建议的，是根据以往的市场情况做的预估收益，到期的实际收益不一定保证是该收益，所以要慎重购买，对于该产品的收益曲线以及推出该产品的公司也要有一定的详细了解，不能盲目投资。

9.2
"互联网"时代理财新思维：众筹理财

如果我有一个很棒的策划或者是产品设计，但是缺乏资金怎么办？如果某山区小孩患病，却支付不了昂贵的医疗费，怎么办？众筹，众筹能解决这一切问题，那么众筹有哪些？怎么玩？怎么入行？本小节将详细说明。

9.2.1 你必须了解的众筹知识

对于众筹，我们可以从定义、特征、优点这方面去了解，众筹一般是指网友募集项目资金的一种模式，采用团购或者预购的方式，也是一种融资，但相对于传统的融资，更为开放，能否获得资金也不再是由项目的商业价值作为唯一标准。只要是网友喜欢的项目，都可以通过众筹的方式获得项目启动的第一笔资金，为更多小本经营或创作的人提供了无限的可能。

众筹依赖于互联网和 SNS 传播的特性，通过一些理财平台，参与某众筹项目，可以获得相应的收益，它具有以下特点。

◆ **门槛低**：不受身份、地位、职业、年龄、性别限制，都可以发起。

◆ **多样性**：产品具有多样性，项目包括音乐、影视、设计、出版、游戏等。

◆ **大众参与**：支持众筹者从一般的草根到富人不等。

众筹项目一定要有创意可操作性，非简单的概念或者点子。那么众筹结构是怎么样的呢？众筹一般由 3 方组成，如图 9-29 所示。

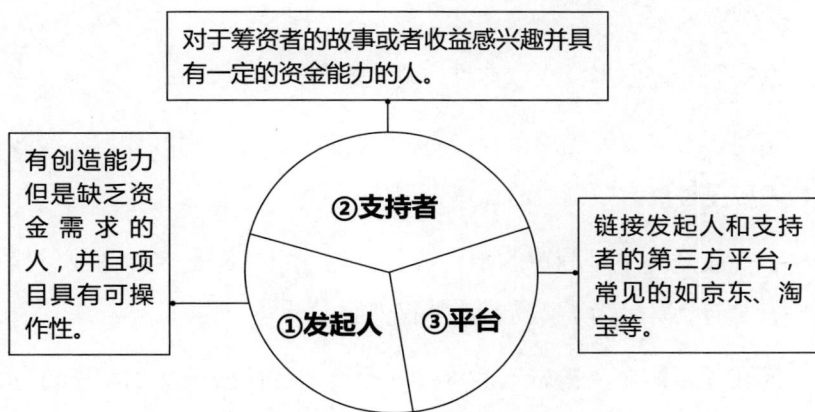

对于筹资者的故事或者收益感兴趣并具有一定的资金能力的人。

有创造能力但是缺乏资金需求的人，并且项目具有可操作性。

②支持者

①发起人　③平台

链接发起人和支持者的第三方平台，常见的如京东、淘宝等。

图 9-29

为什么要玩众筹，众筹有哪些好处呢？可以从以下几点去说明。

①个人投资者可以通过参与该众筹项目，实现一定的回报收益。

②众筹平台会对参与的公司进行一定的审查，减少投资风险。

③众筹平台能够实现市场信息分享，从而为是否投资打下基础。

④众筹平台的投资者广泛，集体投资，实现投资理性抉择。

⑤众筹平台对于产品的好坏会做出一定的检测，从而保证投资者收益。

⑥众筹平台的资本结构随着市场变化而不断变化，不断标准化。

⑦众筹的项目众多，而且实操性强。

9.2.2 众筹到底怎么玩

当我们对于一款游戏有了基本的认识之后，接下来就该闯关玩了，众筹亦如此。那么众筹怎么玩呢？首先如同游戏一般，众筹具有它的游戏规则。

众筹一般需要遵循 3 点常见的游戏规则，具体如下。

①对于参与众筹的项目，一般都规定有它的筹资目标和筹资天数，参与者应在筹资天数到达前让资金到位。

②一般众筹不是简单的捐款或者公益，它具有一定的商业价值，参与者参与众筹是为了获得相应的投资收益。

③在项目规定的筹资天数内，如果筹资到的资金达到筹资目标，那么该项目是成功的，如果在规定的期限内金额不足，项目失败，金额退回。

如何能实现该项目筹资的成功呢？关键有以下几点。

- ◆ **筹集天数设置合理**：一般 30 天最好。
- ◆ **目标金额**：需要根据该项目的设计、生产、包装、营销、市场分析等做一个合理设计的基础上，调整目标金额。
- ◆ **项目回报**：在项目成本的基础上，实现对参与者的价值回报最大化，并且回报形式可多样化。
- ◆ **定期更新项目信息**：定期进行信息更新，以让现有和未来的投资者进一步参与项目，并鼓励其他潜在投资者参与该项目。
- ◆ **项目包装**：项目包装对于项目来说，就是迈向成功的大道，不管是通过品牌策划、公关还是朋友圈传播，项目包装很有必要，而且一般有图片有视频的众筹更能吸引参与者参加。
- ◆ **项目策划者对于投资者的感谢**：一般具有该项目页面的公开答谢，引起参与者的兴趣及共鸣。

9.2.3 几款特别的众筹理财产品

每个众筹产品都有其相应的规则，下面分别对几款常用的众筹产品进行介绍。

（1）京东众筹

京东众筹成立于 2014 年 7 月 1 日，在新消费升级时代下，京东众筹不仅是一个为用户提供与众不同的趋势性产品体验的品质生活平台，更是一个为创业者及企业发展提速的筹资与孵化平台。而在该平台，具有闲置资金的理财者们，可以根据自己的兴趣爱好，参与众筹。下面具体介绍相关的操作。

首先需要登录京东金融"http://jr.jd.com"，单击"众筹"超链接，如图 9-30 所示。

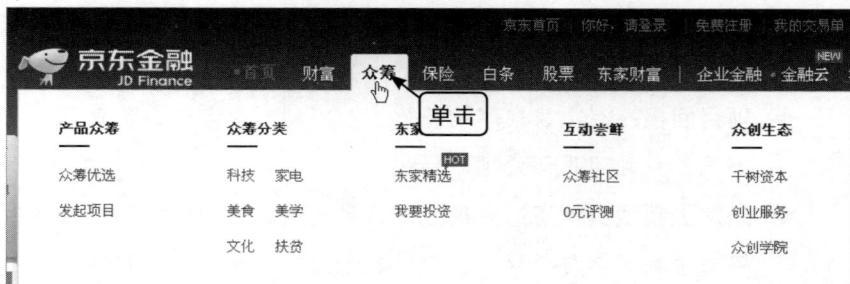

图 9-30

此时，就将出现可众筹的相关产品，我们可以选择即将结束的进行简单了解，单击"路虎小镇"项目，进行项目详情了解，如图 9-31 所示。

图 9-31

在该页面中，将出现该项目已筹到的资金以及筹集时间、筹集目标、当前进度等，如图 9-32 所示。

图 9-32

此外，我们还可以看到项目视频、项目进度、话题、项目发起人等，如图 9-33 所示，我们可以单击任意一项进行了解，如这里单击"项目进展"选项卡。

图 9-33

在切换的界面中可对项目进行具体了解，以确定是否购买以及能否来得及购买，如图 9-34 所示。

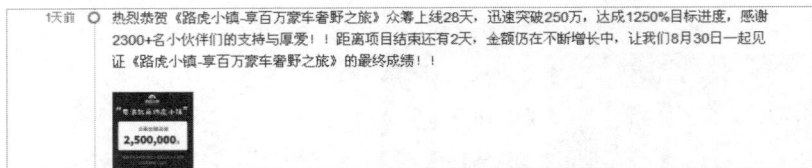

图 9-34

同时我们对于众筹规则需要进行简单的了解，还有一些基本的购买须知，具体如图 9-35 所示。

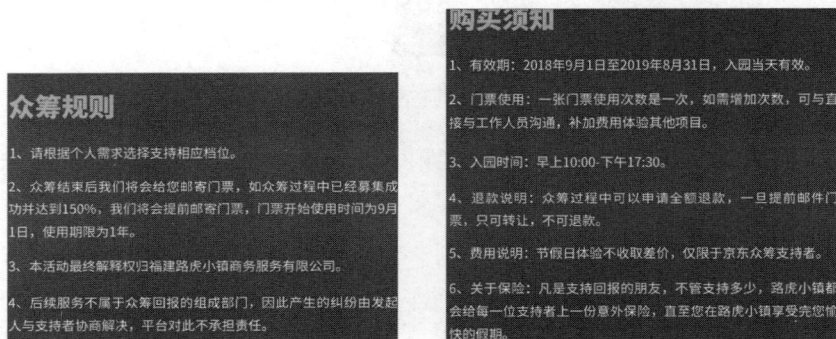

图 9-35

此外我们对于该项目众筹的目的也应该有简单的了解，如 9-36 左图所示，就是一次众筹路虎自驾小镇旅游。同时，项目方还做了简单的提示，如驾龄、免责协议、旅游费用、不能参加体验的人等，具体如 9-36 右图所示。

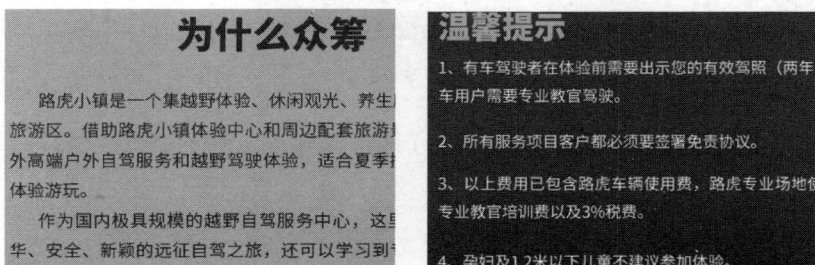

图 9-36

此外，在该项目页面，我们还可以查询到不同份额的投资金额，如 198 元、268 元、398 元等，最高 16360 元，每一档位，参与的人数不同。如 198 元，限额为 500 份，剩余 411 份；268 元，限额为 400 份，剩余 63 份；398 元，限额为 200 份，剩余 64 份，具体如图 9-37 所示。参与者可以根据自己的实际情况选择性购买。

图 9-37

同时我们还可以看到如何联系该项目的负责人，如项目发起的公司、地址、电话等。此外，还有关于该项目的风险说明，具体如图 9-38 所示，参与者在参与前，应该对于该项目风险有简单的了解。

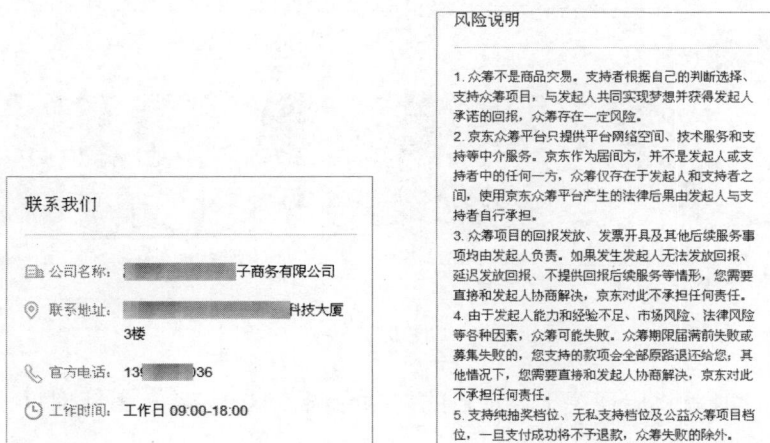

图 9-38

（2）淘宝众筹

与京东众筹相似也是我们常见的众筹便是淘宝众筹，它的参与与京东众筹相似，淘宝众筹中你既可以作为项目发起人也可以作为项目支持者。无论是淘宝卖家、买家、学生、白领、艺术家、明星，只要你具有很好的创意，并且可操作性强那么就可以在淘宝众筹发起项目向大家展示你的计划，并邀请喜欢你的计划的人以资金支持你。

当然，如果只是想参与某项目，从而获得项目回报，可以在淘宝众筹浏览到各行各业的人发起的项目计划，选择自己感兴趣的参与。简单介绍如下。

首先，登录淘宝众筹网站"https://izhongchou.taobao.com"，单击"浏览项目"导航按钮，此时我们将看到各种众筹项目，可选择自己感兴趣的购买，如单击"U形枕"超链接，进行项目了解，如图9-39所示。

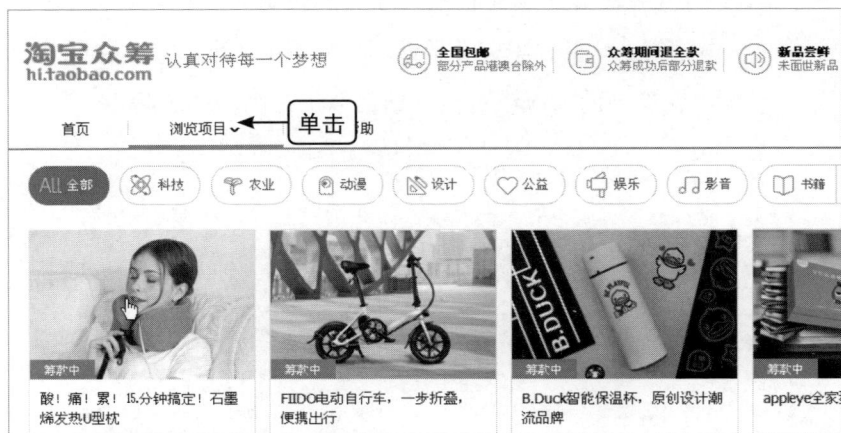

图 9-39

此时就将出现关于该项目的视频介绍、累计资金，截止时间、筹集金额等，如图9-40所示。

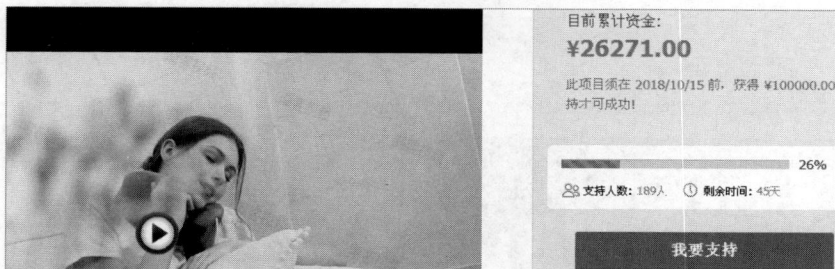

图 9-40

此外，我们需要了解该项目的参与方式，如通过支付 59 元和 139 元参与该项目，并且不同的支付金额，将获得不同的回报，如 59 元回报为移动电源一只，而 139 元的回报为该 U 形枕。我们可以选择自己想要的回报购买，如图 9-41 所示。

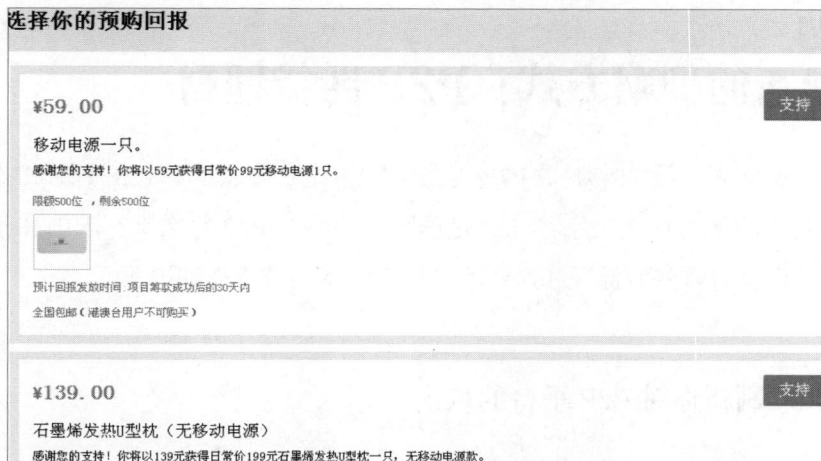

图 9-41

在该页面，我们还将了解到，该项目的简单介绍以及众筹的目的，具体如图 9-42 所示。

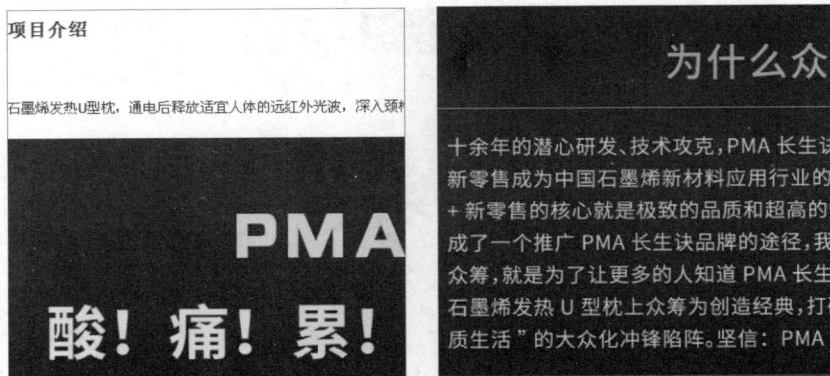

图 9-42

创新的理财方式：P2P 网贷理财

近年来，我们常听说 P2P 跑路事件，那么什么是 P2P？ P2P 和我们的生活又有什么关系？ P2P 是理财方式吗？ P2P 怎么玩？国内靠谱的平台又有哪些？提现和撤资怎么操作？本小节将详细讲述。

9.3.1 刷新你对 P2P 平台的认识

P2P 的本质是一种网络借贷平台，最早来源于国外，P2P 借贷是 peer to peer lending 的缩写，它随着互联网以及民间借贷发展而来，是一种新的金融模式。在 P2P 平台上有两大产品：投资理财和贷款。

在 2018 年，P2P 理财也在国内发展了 10 多年，每年不断有 P2P 理财平台诞生，也有经过政策和行业的洗礼，不合格的 P2P 理财平台不断被淘汰。在网贷市场，具有近千家网络平台，那么在这些平台中，哪些比较靠谱安全呢？如表 9-1 所示。

表 9-1　2018 年 8 月 P2P 网贷十大排名

排名	理财公司	上线时间	所在地点	综合评分
1	陆金服	2012-06	上海	96.24
2	宜人贷	2012-07	北京	93.89
3	人人贷	2010-10	北京	91.63
4	拍拍贷	2007-06	上海	89.84
5	微贷网	2011-08	浙江	88.12
6	玖富普惠	2013-03	北京	87.80
7	51 人品	2015-01	浙江	86.02
8	爱钱进	2014-05	北京	85.90
9	小赢网金	2014-08	广东	85.37
10	麻袋财富	2014-12	上海	84.75

上表的数据，来源于网贷天眼，其通过对市场平台合规性、信披情况、偿兑性、资金流入情况等进行综合考察，才有了如上的排名。

从上表可以看出，评级排名前 10 名的平台中，北上广的较多，常见的陆金服、宜人贷、人人贷等平台排名情况非常稳定，在一定程度上代表了平台的稳定性和运营能力。

9.3.2 新手如何自助选择正规平台

对于新手来说，虽然 P2P 的门槛较低，收益非常可观，但是也一定要注意投资风险。特别是在 2018 年，很多平台爆雷，如钱宝、联璧和唐小僧等，很多投资者跌进一个又一个坑里无法翻身。

很多的 P2P 平台一般以高收益高投资来吸引投资者，所以投资理财前，一定要理性，毕竟有这样一句话：羊毛出在羊身上。

作为新手，如何选择一个正规的 P2P 网络平台，如何放心把资金投入，随着爆雷平台的出现，国家政策也相应出现整改，保障投资者的利益。此时，4 点小建议送给大家，如图 9-43 所示。

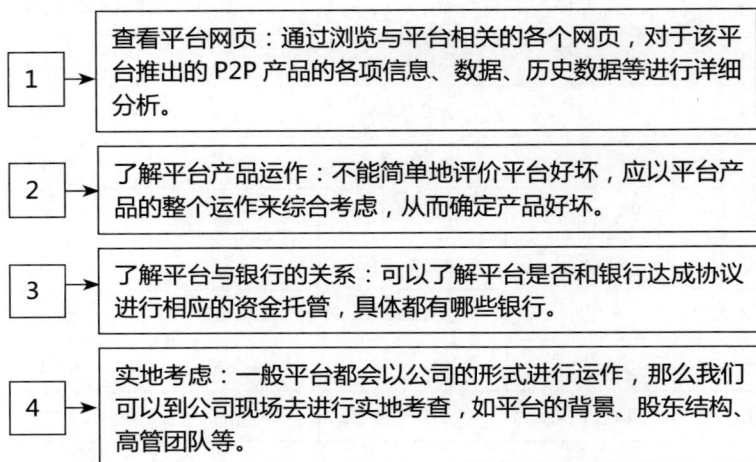

1	查看平台网页：通过浏览与平台相关的各个网页，对于该平台推出的 P2P 产品的各项信息、数据、历史数据等进行详细分析。
2	了解平台产品运作：不能简单地评价平台好坏，应以平台产品的整个运作来综合考虑，从而确定产品好坏。
3	了解平台与银行的关系：可以了解平台是否和银行达成协议进行相应的资金托管，具体都有哪些银行。
4	实地考虑：一般平台都会以公司的形式进行运作，那么我们可以到公司现场去进行实地考查，如平台的背景、股东结构、高管团队等。

图 9-43

当然，我们还要注意 P2P 属于理财投资的一种，同样适用于分散投资，如果具有足额的闲置资金，可以进行两家以上的投资，从而确定投资好坏，但是注意金额不宜过大。

9.3.3 在 P2P 平台上进行投资

当我们对于 P2P 投资平台确定以后，接下来就需要进行投资操作了，以陆金服为例首先我们需要进行实名注册，输入账户和密码，最后单击"同意并注册"按钮，然后登录到该首页，在首页单击"信息披露"超链接，对于平台进行简单了解，如图 9-44 所示。

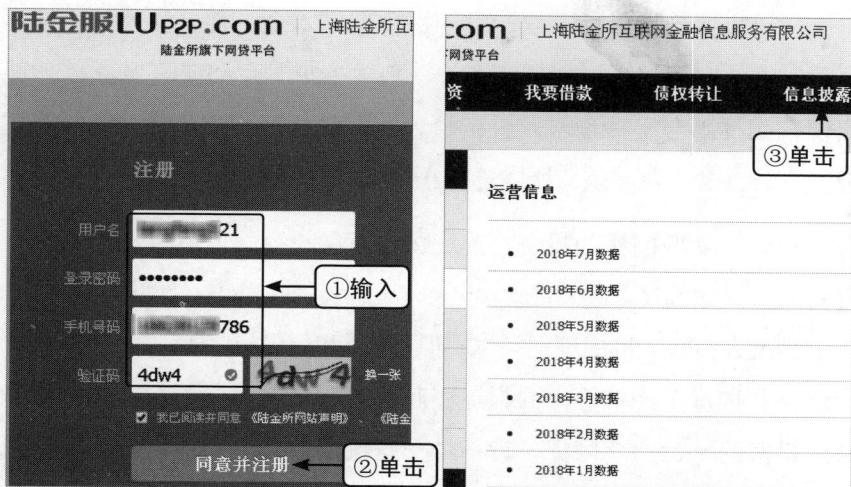

图 9-44

　　此外，在该平台页面，对于出现的理财产品，我们要认真解读，如收益率、投资期限、起投金额等，如图 9-45 所示。如有看中的可单击"投资"按钮进行购买。

图 9-45

一般投资到期以后，我们需要提现取回本金，那么该如何取回本金呢？P2P 是不可以随时提现的。一般的 P2P 只能到期还款之后才能提现，如果平台支持债权转让的话，可以转让债权之后提现。P2P 提现困难一直是行业问题，所以选择正规的平台很重要。

作为一款低门槛的投资产品，P2P 理财一经面世就吸引了众多投资者关注。对多数平台来说，100 元即可起投，收益率在 8%~15% 之间，可以满足大多数人群的理财需求。但是我们也不得不注意，由于违约、突然停业和资金冻结等方面报道引起的不安，在有些情况下，投资者会向投资的平台要求撤资，特别是一些规模较小的 P2P 网贷平台，很多理财者的资金被套牢。

跑路、踩雷的公司不断被暴露出来，投资者的本金和收益得不到保障，所以引起了行业的动荡，但是对于一些正规的大平台来说，还是维持着基本的稳定，所以是到期持有提现还是持有期间撤资都是需要考虑的问题。

据初步统计，中国的 P2P 平台拥有大约 5 000 万注册用户，未偿还贷款 1.3 万亿元人民币，其中大多是短期贷款。通常情况下，储户必须等到平台提供的贷款到期后才能收回本金。但也有投资者试图通过将权益折价出售给他人或是到平台公司要求还款的办法提前退出。所以要想进入 P2P 理财投资要谨慎，对于平台和产品都要慎重考虑。